Global Energy Interconnection
Development and Cooperation Organization
全球能源互联网发展合作组织

大洋洲清洁能源开发与投资研究

全球能源互联网发展合作组织

中国电力出版社
CHINA ELECTRIC POWER PRESS

前　言

　　能源是经济社会发展的重要物质基础。人类对能源的利用，从薪柴到煤炭、石油、天然气等化石能源，再到水能、风能、太阳能等清洁能源，每一次变迁都伴随着生产力的巨大飞跃和人类文明的重大进步。能源作为现代社会发展的动力，关系国计民生、关系人类福祉。传统化石能源的大量开发使用导致资源紧张、环境污染、气候变化等问题日益突出，严重威胁人类生存和可持续发展。从本质上看，可持续发展的核心是清洁发展，关键是推进能源生产侧实施清洁替代，以太阳能、风能、水能等清洁能源替代化石能源。

　　科学准确的资源量化评估是清洁能源大规模开发利用的重要基础。当前，全球范围内水电、风电、太阳能发电装机规模已超过总电源装机规模的 30%，清洁能源发展虽已取得一定成效，但仍存在巨大开发潜力，故对资源开发量的精细化评估研究尤为关键。全球能源互联网发展合作组织（简称"合作组织"）在建立健全全球清洁能源资源数据库的基础上，构建了清洁能源资源评价体系和精细化数字评估模型，开展了全球视角下水能、风能和太阳能理论蕴藏量、技术可开发量、经济可开发量的系统测算与量化评估，形成了"全球清洁能源开发评估平台（GREAN）"，有效提升了全球清洁能源资源评估的准确度与时效性，为相关国家和地区清洁能源的大规模开发利用提供了重要支撑。

　　系统高效的基地宏观选址是清洁能源大规模开发利用的重要前提。清洁能源基地选址关系到电站开发的经济性，对清洁能源的经济化规模开发和高效利用至关重要。影响基地选址的因素众多，选址分析决策过程复杂、难度较大。内业的选址研究往往受到数据资料的完整性和准确度限制，选址作业必须依赖现场查勘，耗费巨量的人力、财力和时间成本。合作组织综合全球地形高程、地物覆盖、流域水系、自然保护区、地质和地震、电源和电网、人口和经济等因素，构建了清洁能源发电基地宏观选址模型及工具，大幅增加了资料收集环

节的广度和深度，将极大提升了内业选址的准确性、经济性和有效性，形成了推动全球清洁能源资源开发的系统化成果，为世界能源战略研究和政策制订提供了可以参考的"工具书"和"数据手册"。

聚焦全球各洲资源评估及基地开发，合作组织编制了全球及亚洲、欧洲、非洲、北美洲、中南美洲、大洋洲等**各大洲清洁能源开发与投资研究系列报告。**本报告是聚焦大洋洲的分报告，全面展示了大洋洲的清洁能源资源评估和大型基地选址成果。**第1—3章，采用数字化方法完成了大洋洲水电、风电和光伏发电的资源评估与基地开发研究。**首先分别介绍了资源评估和选址研究的方法体系、模型和数据。水电方面，对大洋洲主要流域的水能资源开展了理论蕴藏量测算，对主要待开发的河段提出了梯级开发方案；风电和光伏发电方面，在全面测算和分析影响集中式开发的主要因素的基础上，开展了全洲各国家和地区风能、太阳能理论蕴藏量、集中开发的技术可开发量及开发成本的测算。运用数字平台研究提出了大洋洲大型陆上风电基地、大型太阳能光伏基地的选址布局，完成了开发条件评价、开发规模评估及技术经济指标测算。**第4章，**基于大洋洲能源电力供需发展趋势，统筹区域内、跨区及跨洲电力消纳市场，研究分析大型清洁能源基地送电方向和输电方式。**第5章，**梳理了大洋洲主要国家的能源政策及投资现状，剖析清洁能源开发项目典型投资模式，结合大洋洲水能、风能、太阳能大型基地开发方案开展案例研究，提出了加快大洋洲清洁发展的政策和投资模式建议。

合作组织全球清洁能源开发与投资研究系列报告致力于为全球清洁能源大规模开发利用提供指引和参考，加快推动在能源供给侧实施清洁替代。本报告可为政府部门、国际组织、能源企业、金融机构、研究机构、高等院校和相关人员开展大洋洲清洁能源资源评估、战略研究、项目开发、国际合作等提供参考。受数据资料和报告研究编写时间所限，内容难免存在不足，欢迎读者批评指正。

研究范围

本报告研究范围覆盖大洋洲 9 个国家和地区 ❶。分别为：澳大利亚、巴布亚新几内亚、所罗门群岛、新西兰、瑙鲁、图瓦卢、瓦努阿图、新喀里多尼亚（法）、斐济。

❶ 本报告对任何领土主权、国际边界疆域划定以及任何领土、城市或地区名称不持立场，后同。

本书内的大洋洲范围并非地理范围或行政区域范围，而是专题研究范围

大洋洲研究范围示意图

摘　要

　　近年来，大洋洲区域一体化基础持续向好，各国积极探索自身发展道路，重视清洁能源、电力等基础设施发展，未来可持续发展优势显著，清洁能源开发成本下降空间较大。大洋洲岛国地理位置特殊、环境复杂脆弱，是世界上最易受气候变化影响的地区，各国重视气候变化问题，一直积极参与气候治理。但同时也面临经济增长动力不足，能源电力保障配置能力和应对气候变化能力仍待提升等挑战。大洋洲可依托丰富的清洁能源资源，秉持绿色、低碳和可持续发展理念，在水、风、光资源量化评估基础上，推动清洁能源基地开发和投资，提出推动公私合作（Public Private Partnership，PPP）项目资产证券化、构建绿色产业投资基金和利用电力金融市场防范投融资风险等建议，促进大洋洲以丰富的清洁能源资源为基础，建设大洋洲能源互联网，促进经济多元化、一体化发展，全面落实《巴黎协定》温控目标，实现经济发展、社会进步和生态保护的全面协调发展。

　　大洋洲水能资源条件一般，理论蕴藏量占全球的 1.5%。 经测算，普拉里河、弗莱河、克鲁萨河等 8 个主要流域水能资源理论蕴藏总量 526TWh/a，广泛分布在澳大利亚、新西兰、巴布亚新几内亚等 3 个国家。其中，巴布亚新几内亚水能资源理论蕴藏量最高，为 430.27TWh/a；新西兰次之，达到 52.77TWh/a。

　　大洋洲风能资源较为丰富，技术可开发风能占全球的 11.9%，全洲集中式风电平均开发成本 5.26 美分，西南部地区集中开发条件较好。 报告以国家为单位，完成了大洋洲风能资源的量化评估，形成了各国风能资源理论蕴藏量、技术可开发量和经济可开发量的系统化测算结果。经测算，大洋洲风能理论蕴藏量 154.5PWh/a，广泛分布于澳大利亚西南部陆地及南部沿海、塔斯马尼亚岛南部沿海、新西兰南岛南部及沿海地区沿海地区。在此基础上，综合考虑资源禀赋、土地资源利用、地理地形、保护区、地质地震、人口分布等因素，经测

算，大洋洲风能适宜集中开发的技术可开发量 15.6TW，年发电量 41.2PWh，为全洲当前年用电量水平 140 余倍。结合 2035 年大洋洲风力发电技术经济性预测结果，考虑交通和电网接入等开发成本，大洋洲集中式风电开发的各国平均度电成本为 3.45~7.30 美分，其中，资源条件优异，交通、电网基础设施条件较好的新西兰和澳大利亚等国的风电开发经济性更好。

大洋洲太阳能光伏资源丰富，技术可开发光伏占全球的 10.0%，全洲集中式光伏平均开发成本 3.43 美分，集中开发条件优越。 经测算，大洋洲光伏发电理论蕴藏量 17363.8PWh/a，广泛分布于澳大利亚中部和西部。综合考虑资源禀赋，排除制约大规模集中开发主要限制性因素，大洋洲光伏发电技术可开发量 263.5TW，年发电量 508.4PWh，是全洲年用电量的 1800 余倍。大洋洲的太阳能资源主要集中在澳大利亚、巴布亚新几内亚和新西兰等国。结合光伏发电技术经济性预测结果，考虑交通和电网接入等开发成本，大洋洲集中式光伏开发的各国平均度电成本为 2.96~7.47 美分 /kWh。其中，资源条件优异，交通、电网基础设施条件较好的澳大利亚光伏发电开发经济性更好。

基于精细化数字评估模型和基地宏观选址模型，对大洋洲主要待开发的水电、风电和光伏基地开展了宏观选址研究，完成了开发条件评价、开发规模评估和技术经济指标测算。

水电基地方面， 综合考虑资源特性和开发条件，结合已建水电站情况，主要针对普拉里河、弗莱河、克鲁萨河 3 个流域的 3 个基地开展了水电开发方案研究，并选取 3 个大型水电站开展了工程方案与投资的初步研究。总体上，大洋洲 3 个流域的 3 个基地共规划 19 个梯级，总装机规模约 23.58GW，年发电量 109.61TWh。

风电基地方面，澳大利亚西南部和新西兰南岛南部地区适宜建设大规模风电基地。报告研究并提出了澳大利亚西澳州、澳大利亚新南威尔士、澳大利亚塔斯马尼亚、新西兰奥塔戈和新西兰惠灵顿 5 个大型风电基地的选址成果，完成了开发条件评价、开发规模评估与资源特性分析，综合工程建设与并网条件分析了基地的经济性指标。5 个大型风电基地总装机规模 14.20GW，年发电量48.48TWh，总投资约 158.59 亿美元，度电成本为 2.93~5.61 美分 /kWh，项目经济性好。

光伏发电基地方面，综合考虑资源特性和开发条件，澳大利亚的北部、中部和西部大部分地区适宜建设大规模光伏基地。报告研究并提出了澳大利亚北领地、澳大利亚昆士兰北、澳大利亚昆士兰南、澳大利亚南澳州和澳大利亚西澳州 5 个大型光伏基地的选址成果，完成了基地开发条件评价、开发规模评估、资源特性分析，综合工程建设和并网条件提出了基地的经济性指标。5 个大型光伏发电基地的总装机规模约 20.00GW，年发电量 38.46TWh，总投资约97.37 亿美元，度电成本为 1.92~2.28 美分 /kWh，经济指标较好。

大洋洲能源互联网是大洋洲水电、风电和光伏电力资源大规模多元化开发和高效利用的配置平台，是实现大洋洲能源电力清洁、多元、可靠和经济供应的重要基础。基于对大洋洲能源电力供需趋势的分析，统筹区域内、跨区及跨洲电力消纳市场，结合清洁能源基地电力外送容量、输电距离和电网网架结构等因素，报告提出了大洋洲主要大型清洁能源基地的送电方向和输电方式，将基地开发与电网外送有效衔接，推动大洋洲清洁能源大规模开发和高效利用。

进一步改善大洋洲的营商环境和政策条件，创新投融资模式是推动洲内大型清洁能源基地项目落地实施的关键因素。大洋洲地区清洁能源资源具有较高

的开发潜力，开发成本下降空间较大。为推动经济增长、改善生态环境，应进一步加快开发清洁能源资源，改善能源和投资管理政策环境，创新投融资模式。报告梳理了大洋洲整体政策环境，对澳大利亚、新西兰、巴布亚和新几内亚等3个主要国家开展了营商环境、清洁能源开发、电力市场、行业投资、财政政策、土地劳工环保6类电力项目开发的相关政策分析。针对大洋洲清洁能源开发，报告提出了设立区域清洁能源发展基金，加强能源基础设施投资等投融资建议，促进改善大洋洲地区生态环境，加速推动清洁能源替代，加快提高清洁能源在大洋洲地区的战略地位。

目　录

前言
研究范围
摘要

图目录

表目录

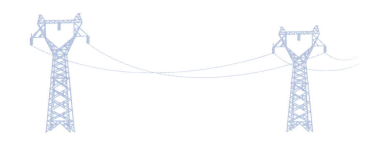

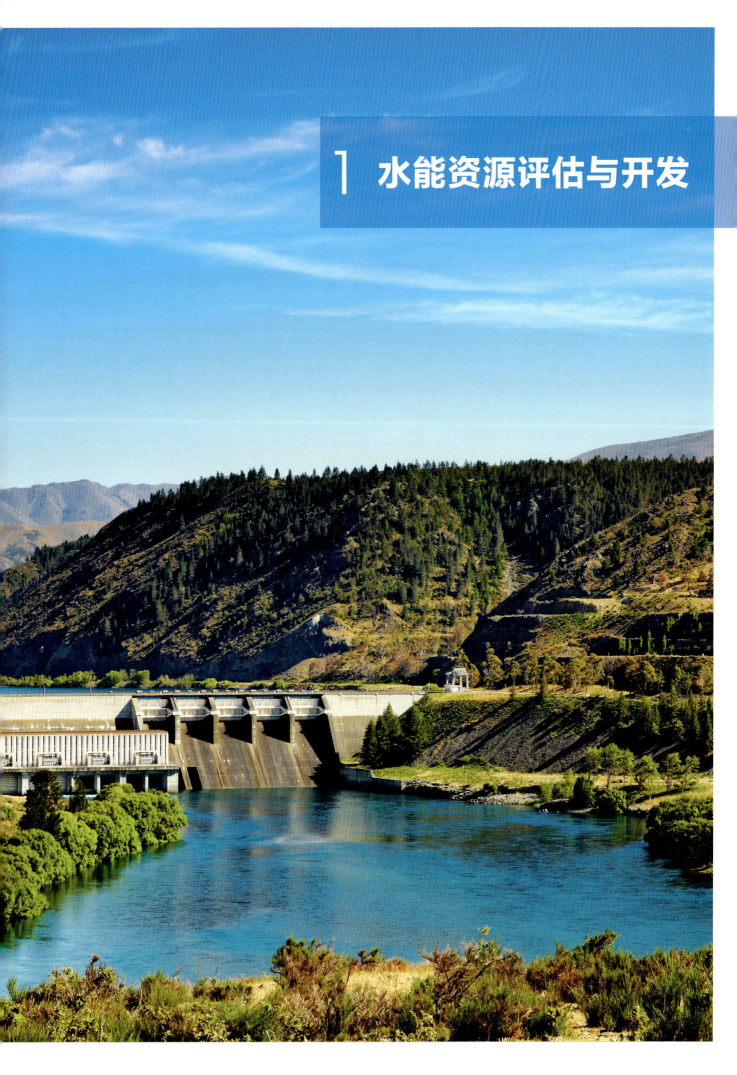

1 水能资源评估与开发

大洋洲水能资源条件一般。报告对墨累河、塔马尔河、德文特河、克鲁萨河、怀塔基河、普拉里河、弗莱河、塞皮克河 8 个主要流域水能资源进行了数字化评估，水能理论蕴藏总量约 526TWh/a。综合考虑资源特性和开发条件，采用数字化研究平台，报告进一步开展了普拉里河、弗莱河、克鲁萨河流域 3 个大型水电基地的梯级开发方案研究，提出了在水能资源富集河段的 19 个梯级电站布置方案以及大型项目开发方案，总装机规模 23.58GW，年发电量 109.61TWh。

1.1 方法与数据

水能是蕴藏于河川和海洋水体中的势能和动能。广义水能资源包括河川水能、潮汐水能、波浪能、海流能等能量资源等；狭义水能资源指河川水流水能资源。本报告主要研究狭义的水能资源，所需基础数据主要包括资源类数据、地理信息类数据、人类活动和经济性资料等。

1.1.1 资源评估方法

河流水能的理论蕴藏量是河流水能势能的多年平均值，由河流多年平均流量和全部落差经逐段计算得到，单位为千瓦时。水能理论蕴藏量与河川径流量和地形落差直接相关。流域内干支流径流受全球气候、区域环境变化、人类活动等影响，存在一定变化，但其多年平均径流量相对稳定；河道天然落差取决于地形，一般情况下区域地形较为稳定。因此，河流的水能理论蕴藏量是相对固定和客观的，是评价河流水能资源大小的宏观指标。受水能资源分布特点限制，开展水能理论蕴藏量评估时，一般遵循"从河段到河流、从支流到干流"的原则，按照流域开展逐级研究。

采用数字化方法评估水能资源理论蕴藏量的目标是计算河流的理论年发电量。首先以卫星遥感观测数据为基础得到数字高程模型，生成数字化河网数据；通过提取河流比降突变点、支流汇入点和河口位置，在满足断面间距要求的前提下，合理确定控制断面，生成用于计算分析的河段；然后以全球径流场数据、全球主要河流水文站数据为基础，结合河流或者湖泊年降水量、河段区间集水面积、上下断面多年径流量平均值、区间水位等信息，计算得到各河段的流量信息，进而完成理论蕴藏量的测算，具体评估流程如图 1-1 所示。

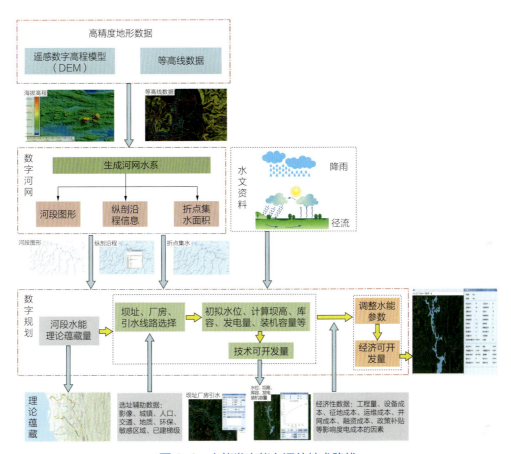

图 1-1　水能发电能力评估技术路线

一般情况下，流域的水能资源理论蕴藏量是其干流及主要支流范围内各河段理论蕴藏量的总和；一个国家的水能理论蕴藏量是其国界范围内各流域理论蕴藏量的总和。界河资源量按各 50% 分别计入两岸国家。

评估河流的技术可开发量，主要任务是剔除不宜开发水电站的河段资源，评估经济可开发量需进一步考虑影响水电度电成本的经济性因素，结合替代电源成本或受电地区可承受电力成本进行对比分析。

1.1.2　宏观选址方法

报告旨在充分利用全球资源数据和地理信息，建立系统化、自动化的宏观选址方法，辅助开展水电基地的选址研究，为政策制定者和商业投资人提供决策支持。

研究建立了数字化水电基地宏观选址方法，基于层次分析方法，在传统电站选址方法的基础上，充分利用全球尺度下丰富的数字化数据信息，综合考虑资源条件、地形地貌、建设条件、开发成本等因素，建立基地宏观选址分析模型，然后利用数值模拟方法计算基地的技术和经济指标，最后收集、整理已建发电基地成果进行验证与总结。采用该方法，可针对一个区域、一个河段，考虑不同的限制条件、开发方式，快速形成多种开发方案并开展比选和优化。研究的主要步骤如图 1-2 所示。

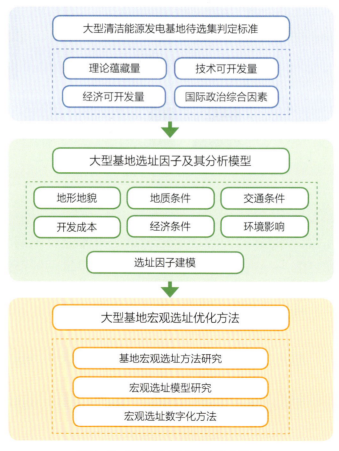

图 1-2　数字化宏观选址技术路线

河流水电宏观选址研究是以河流水能资源蕴藏量为基础，分析影响水电开发的工程地质、环境保护和经济社会等限制性因素，明确开发条件，拟定重点河段的梯级开发方案，并完成水电开发相关技术经济参数测算。基于地理信息技术的水电站数字规划流程主要包括数据采集与预处理、数字化河网提取、限制性因素分析、数字化选址、水能参数计算、规划电站建模三维展示等内容，其选址流程如图 1-3 所示。

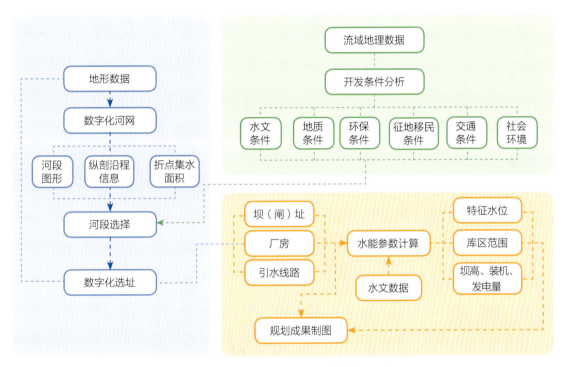

图1-3　水电基地数字化宏观选址流程示意图

具体的，利用覆盖全球的流域地形数据和水文径流资料，分析河段径流特性和水能资源条件，结合高精度数字高程模型数据，识别并提取具有矢量河道图形及属性信息的河段数据，建立数字化河网；结合径流数据计算河段的理论蕴藏量，优先选取比降大、蕴藏量丰富的河段作为目标开发河段；结合站址周边的地理数据，从水文条件、地质条件、水库淹没及移民条件、保护区分布、对外交通等多方面分析电站开发的限制性因素；以流域地形高程数据为基础，结合径流、地质、国土、生态等数字信息，开展水电站数字化选址；利用三维地形、影像等参考数据，寻找适宜建坝的地点，绘制坝址、副坝、厂房、引水线路等规划信息，生成水电站库区范围，并计算获得集水面积、正常蓄水位、库容年发电量、装机容量等水能参数；绘制河流梯级开发方案纵剖面图以及技术经济指标表等开发成果。

1.1.3 基础数据与参数

1.1.3.1 基础数据

为实现数字化水能资源评估，报告建立了包含 3 类 16 项覆盖全球范围的资源评估基础数据库。

- 资源类数据，主要包括全球主要河流的水文数据，比如多年平均流量、年最大流量、逐日流量、降水等信息。

- 技术可开发量评估所需的地理信息类数据，包括全球地物覆盖、保护区、水库和湖泊、构造板块边界和断层、地质岩层、地震活动频度、地理高程、卫星影像等信息。

- 评估经济可开发量所需人类活动和经济性资料，包括全球城镇分布、人口分布、电源和电网分布、交通基础设施等数据。

其中，全球水文数据为全球径流数据中心的涵盖全球主要河流的 9484 个水文站点、30 年以上的逐日水文数据，其他的关键基础数据介绍见表 1-1。

表 1-1　全球水资源和地理信息基础数据

序号	数据名称	空间分辨率	数据类型
1	全球水文数据	—	其他数据
2	全球地面覆盖物分类信息	30m×30m	栅格数据
3	全球主要保护区分布	—	矢量数据
4	全球主要水库分布	—	矢量数据
5	全球湖泊和湿地分布	1km×1km	栅格数据
6	全球主要断层分布	—	矢量数据
7	全球板块边界分布 空间范围：南纬 66°—北纬 87°	—	矢量数据
8	全球历史地震频度分布	5km×5km	栅格数据
9	全球主要岩层分布	—	矢量数据
10	全球地形卫星图片	0.5m×0.5m	栅格数据
11	全球地理高程数据 空间范围：南纬 83°—北纬 83°　间陆地	30m×30m	栅格数据

序号	数据名称	空间分辨率	数据类型
12	全球海洋边界数据	—	矢量数据
13	全球人口分布	900m×900m	栅格数据
14	全球交通基础设施分布	—	矢量数据
15	全球电网地理接线图	—	矢量数据
16	全球电厂信息及地理分布	—	矢量数据

注：1. 全球水文数据来源于全球径流数据中心（GRDC）。

2. 全球地面覆盖物分类信息来源于中国国家基础地理信息中心。

3. 全球主要保护区分布数据来源于国际自然保护联盟（IUCN）和联合国环境规划署世界保护监测中心（UNEP-WCMC），在联合国分类的基础上，结合中国国家标准（GB/T 14529—1993）进行了重新分类。

4. 全球主要水库分布数据来源于德国波恩全球水系统项目。

5. 全球湖泊和湿地分布数据来源于世界自然基金会、环境系统研究中心和德国卡塞尔大学。

6. 全球主要断层分布数据来源于美国环境系统研究所。

7. 全球板块边界分布数据来源于美国环境系统研究所。

8. 全球历史地震频度分布数据来源于世界资源研究所（WRI）。

9. 全球主要岩层分布数据来源于欧盟委员会、德国联邦教育与研究部（BMBF）、德意志科学基金会（DFG）等机构。

10. 全球地形卫星图片来源于谷歌公司。

11. 全球地理高程数据来源于美国国家航空航天局（NASA）和日本经济贸易工业部（METI）。

12. 全球海洋边界数据来源于比利时弗兰德斯海洋研究所（VLIZ）。

13. 全球人口分布数据来源于哥伦比亚大学国际地球科学信息网络中心。

14. 全球交通基础设施分布数据来源于北美制图信息学会（NACIS）。

15. 全球电网地理接线图数据来源于全球能源互联网发展合作组织（GEIDCO）。

16. 全球电厂信息及地理分布数据来源于谷歌、斯德哥尔摩 KTH 皇家理工学院和世界资源研究所（WRI）。

1.1.3.2 计算参数

报告重点关注并评估全球范围内适宜开发水电站的河段，一般选取流量大、落差集中且形成水库后对保护区、森林、耕地和城市等区域无影响或影响小的河段。

1. 技术指标测算参数

报告采用水能资源理论蕴藏量进行河流（河段）开发价值评价，根据理论蕴藏量的大小划分为水能资源丰富、水能资源较丰富、具有水能开发价值、水能开发价值一般四个级别。

开展水电基地宏观选址与梯级开发方案研究时，应优先选取水能资源富集河段，并合理规避野生生物、自然遗迹等不宜开发的保护区占地，避免或减少对森林、耕地、湿地沼泽、城镇等地面覆盖物所在区域的淹没。考虑到大洋洲水能资源特点，报告采用的适用于大洋洲的主要水能资源评估技术指标和参数见表 1-2。

表 1-2　全球水能资源评估模型采用的主要技术指标和参数

类型	限制因素	阈值（全球）	阈值（大洋洲）
河流（河段）理论蕴藏量评价	水能资源丰富	＞30000GWh	＞5000GWh
	水能资源较丰富	10000~30000GWh	3000~5000GWh
	具有水能开发价值	5000~10000GWh	1000~3000GWh
	水能开发价值一般	＜5000GWh	＜1000GWh
保护区限制	自然生态系统	尽量避免	
	野生生物类	不宜开发	
	自然遗迹类	不宜开发	
	自然资源类	尽量避免	
	其他保护区	尽量避免	
地物覆盖限制	森林	避免或减少淹没	
	耕地	避免或减少淹没	
	湿地沼泽	避免或减少淹没	
	大型城市	避免淹没	
	小型城市	避免或减少淹没	

2. 经济性测算参数

　　清洁能源基地的投资水平是反映项目投资规模的直接量化指标，亦是进一步分析基地开发经济价值的基础。报告综合多元线性回归预测法、基于深度自学习神经元网络算法的关联度分析预测法，建立了水电开发投资水平预测模型；采用平准化度电成本法，建立了水电开发成本计算模型。

　　大洋洲水电开发经济性研究将参考大洋洲发展水平以及 2035 年大洋洲水电开发的技术类、非技术类投资成本的预测结果。结合电站所在国的经济发展水平以及融资利率、税率等金融参数，根据项目特点与实际条件，开展水电站国民经济评价，测算水电站度电成本。报告采用的大洋洲水电开发经济性计算财务参数推荐取值以及主要水电开发国家税率信息参考取值见表 1-3 和表 1-4。

表1-3　大洋洲水电开发电经济性计算的财务参数推荐取值

序号	指标	参数
1	贷款年限	20 年
2	贷款比例	80%
3	贷款利率	3%~6%
4	贴现率	2%
5	建设年限	3~10 年
6	运行年限	30 年
7	残值比例	0%
8	运维占比	2.5%
9	厂用电率	2%
10	弃水率	2%

表1-4　大洋洲水电开发重点国家税率信息参考取值

%

国家	增值税率	所得税率
澳大利亚	12.5	10
新西兰	15	28
巴布亚新几内亚	10	48

注：部分数据来源于中华人民共和国商务部投资促进事务局。

1.2 资源评估

1.2.1 水系分布

大洋洲大的水系较少且河流长度较短。河流水量年内分布不均匀，雨季水量暴涨，旱季有时会断流。大洋洲主要河流有墨累河、库珀河、弗林德斯河、塞皮克河、弗莱河。陆域水资源主要分布在澳大利亚、巴布亚新几内亚。根据分析，大洋洲流域面积超过 1 万 km^2 的一级河流共有 26 条，流域面积共约 361 万 km^2，占大洋洲总面积约 40%。全洲主要河流水系分布情况如图 1-4 所示。

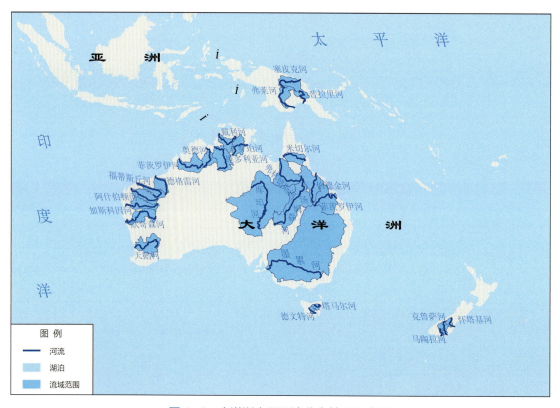

图 1-4　大洋洲主要河流分布情况示意图

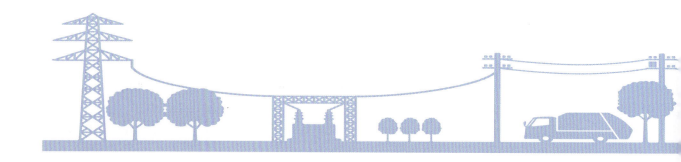

1.2.2　水文数据

　　水文数据用于描述河流、湖泊等水体的特征，包含降水、蒸发、下渗、水位、流量、泥沙、水质等内容，是涉水工程在规划、设计和施工阶段重要的基础资料，一般通过建立永久或临时的水文站点观测获取。本次研究的大洋洲大陆基于全球径流数据中心的基础数据，共包含 450 余座水文站的观测资料，除覆盖流域面积超过 1 万 km² 的 26 条一级流域外，还覆盖了新西兰、新喀里多尼亚（法）、斐济地区的一些流域。大洋洲主要水文站分布如图 1-5 所示。

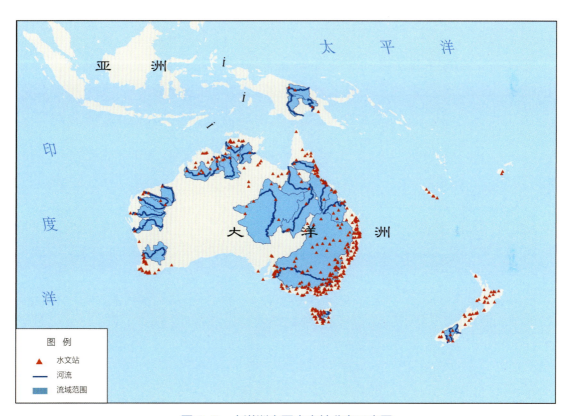

图 1-5　大洋洲主要水文站分布示意图

专栏 1-1　　　　**基于水文数据的河流特性分析**

1. 全球复合径流场数据集

本次研究利用全球径流数据中心（Global Runoff Data Centre，GRDC）的全球复合径流场数据集（Composite Runoff Fields），获取除南极洲以外所有大陆的径流场数据[1]。该数据集是基于全球径流数据中心收集的水文观测站资料和新罕布什尔大学（University of New Hampshire，UNH）发布的全球河网模拟数据（STN-30P），通过气候驱动的水量平衡模型（Climate-driven Water Balance Model，WBM）反向演算生成的 30 分（赤道处约 50km）空间分辨率的数据集，每一个格点可提供逐月与年径流量。这种复合径流场保留了流量测量的准确性，并模拟径流的时空分布，实现了对大范围内河流径流的统一、高分辨率的最佳模拟计算，适用于全球水能资源分析与建模。GRDC 全球年均径流深[2]分布如专栏 1-1 图 1 所示。

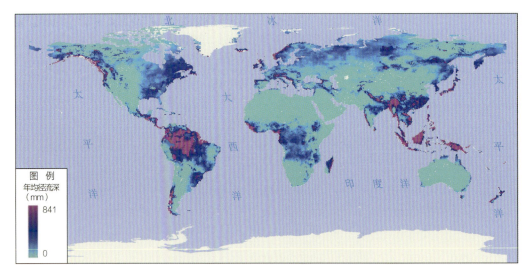

专栏 1-1 图 1　全球年均径流深分布图

---

[1] 资料来源：全球复合径流场数据集是由全球径流数据中心和新罕布什尔大学于 2002 年联合发布。

[2] 径流深是指计算时段内某一过水断面上的径流总量平铺在断面以上流域面积上所得到的水层深度，年均径流深即为径流深的多年平均值。

2. 通过水文数据分析河流水文特性

通过多年、逐月的径流数据，可以分析一条河流的基本水文特性。例如多年平均流量、径流量、枯水期与丰水期的起止月、最大流量和最小流量出现的月份等信息，用于河流水能资源开发技术指标的计算。专栏 1-1 图 2 展示了克鲁萨河的 Clyde 水文站多年径流观测数据，可以看出该河段流量在年内和多年的变化情况。

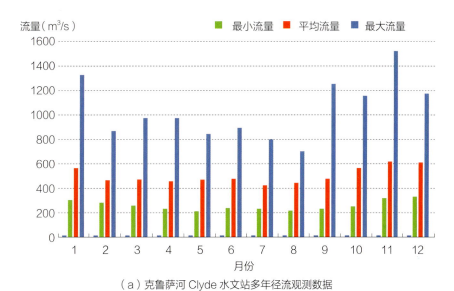

（a）克鲁萨河 Clyde 水文站多年径流观测数据

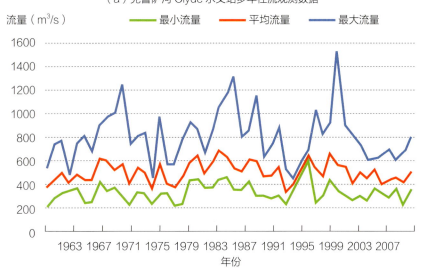

（b）克鲁萨河 Clyde 水文站逐月径流观测数据

专栏 1-1 图 2　克鲁萨河的 Clyde 水文站流量数据

在大洋洲多条河流上选取全球径流数据中心提供的水文站实测年均径流数据与全球复合径流场数据集的模拟径流数据进行对比，见表 1-5。模拟数据和降水有较强的相关性，降水数据误差会影响模拟数据的精度；且模拟数据难以准确反映人类活动对径流造成的影响，如蒸发、灌溉、供水、跨流域引水等都是造成误差的主要来源。研究将对误差较大区域内 GRDC 水文观测站数据进行还原处理，将观测径流数据最大限度还原为河道天然状况下的径流数据，并采用还原后的观测站流量资料对径流场数据计进行修正。

表 1-5　大洋洲河流径流数据对比

序号	河流名称	年均径流量观测值（m³/s）	年均径流量模拟值（m³/s）	误差（%）
1	克鲁萨河	504.83	472.40	6.42
2	德文特河	7.95	7.28	8.49
3	墨累河	22.98	20.83	9.38
4	塔马尔河	24.73	22.22	10.13
5	怀塔基河	23.29	22.60	2.95

1.2.3　地面覆盖物

地表覆盖决定了地表的辐射平衡、水流和其他物质搬运、地表透水性能等，其空间分布与变化是全球变化研究、地球系统模式研究、地理国（世）情监测和可持续发展规划等的重要基础性数据。在中国政府支持下，国家基础地理信息中心联合 18 家单位，研制出世界上首套 30m 分辨率的全球地表覆盖数据产品，包含耕地、森林、草地、城市、冰川等 10 个主要覆盖物分类 ❶。2014 年 9 月，中国政府将这一产品赠送于联合国，供国际社会免费使用，以支持全球开展应对气候变化和可持续发展研究。

大型水电基地的开发建设应避免淹没大面积耕地以及人口密集的城市村庄，保护生态环境。因此，耕地和城市分布是影响水电资源开发的主要地表覆盖物限制性因素，其分布的情况如图 1-6 所示。

---

❶ 资料来源：陈军，廖安平，陈晋，等 . 全球 30m 地表覆盖遥感数据产品 -GlobeLand30[J]. 地理信息世界，2017，24（1）：1-8.

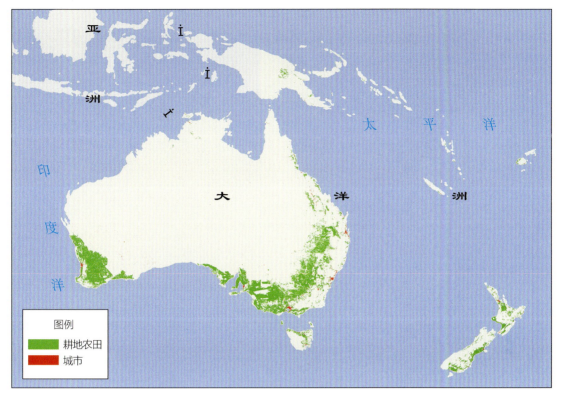

图 1-6　大洋洲耕地和城市分布情况示意图

　　大洋洲耕地覆盖率不高，耕地主要分布于澳大利亚西南、东南部沿海以及新西兰东南部地区。城市主要分布于澳大利亚西南、东南部沿海。城市分布一定程度上反映了人口的聚集情况，在广域空间内城市与耕地的分布具有较好的趋同性。

1.2.4　地质条件

　　地质断层分布和历史地震频率数据是大型水电基地开发与选址研究的重要参考因素。一般情况，构造板块边界、地质断层和历史地震发生频率较高的区域不宜建设大型的水电项目。大洋洲地质断层分布和历史地震情况如图 1-7 所示。巴布亚新几内亚东北部及东部、新西兰北岛及南岛北部等地区历史地震高发，澳大利亚及新西兰阶梯式断层及陆地板块构造接触较多，部分地区地质构造较不稳定，这些区域的水电基地选址开发需要考虑地震的影响。

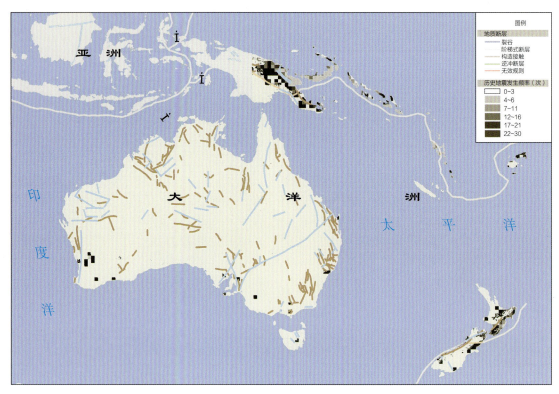

图 1-7　大洋洲主要断层分布和历史地震情况示意图

　　岩层类型及分布情况对于大型水电基地的开发与选址研究同样重要。一般情况，选取地质条件稳定，坝址与厂房附近无大型滑坡等地质灾害危险，大坝的建基面选取稳定、承载力强的基岩，如变质岩、火山岩。大洋洲岩层分布情况如图 1-8 所示。澳大利亚以松散沉积岩和混合沉积岩为主，只在中部及北部有少量变质岩；新西兰北岛以混合沉积岩为主，南岛以变质岩和混合沉积岩为主，变质岩主要集中在南岛南部；大洋洲北部巴布亚新几内亚以混合沉积岩和变质岩为主。

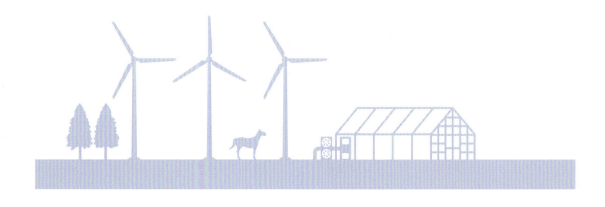

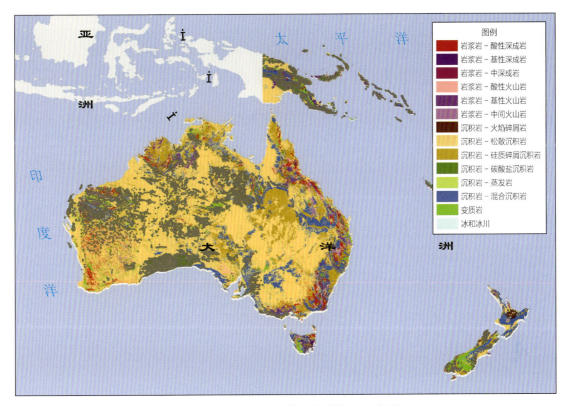

图1-8　大洋洲主要岩层分布情况示意图

专栏 1-2　　　　岩层性质与水电开发

　　岩石是固体地壳的主要组成物质，岩石的坚硬程度和强度取决于成因类型、矿物成分和结构构造，其中稳定性好、强度高的岩体常作为建筑物地基、地下洞室围岩等的介质。

1. 岩浆岩

　　岩浆岩又称火成岩，是由地壳内的岩浆上升或喷发冷凝固化而成的岩石。深成岩形成于地表以下3km，强度高、岩性均一、大岩体较完整、透水性小，常是较好的高坝坝基。火山岩由火山喷出地表形成，岩性较复杂，强度差别大，作为高坝地基需要进行详细的勘察研究。

2. 沉积岩

　　沉积岩是地壳演变过程中，在地表或接近地表的常温、常压条件下，各类先成母岩的风化产物经搬运、沉积和成岩作用形成的岩石。按其成分和搬运、沉积方式不同，分为碎屑岩、化学岩和生物岩。

（1）碎屑岩。碎屑岩按碎屑物粒径不同，可细分为砾岩、砂岩、泥岩等，其强度取决于成分、固结程度等，硅质、钙质胶结的岩石强度一般较高；泥质胶结的岩石强度较低。泥岩、页岩等一般不含水且隔水，可利用作为大坝的防渗依托。

（2）化学岩。化学岩是经化学作用溶解物质的溶液经搬运、富集后沉积形成，硅质碎屑沉积岩、碳酸盐沉积岩和蒸发岩属于常见的化学岩。化学岩多具有可溶性，会造成水库、坝基渗漏，削弱地基强度甚至破坏地基，不宜建设水电工程。

（3）生物岩。生物岩是生物作业形成或由生物残骸组成的岩石，在沉积岩占比很少，一般强度低，不宜建设水电工程。

3. 变质岩

变质岩是原始岩层经过物理化学改变生成的新岩石。变质岩一般由岩浆岩和沉积岩经变质作用形成，强度较高，是较好的地基岩体。

1.2.5 水能资源总述

　　大洋洲水能资源理论蕴藏量在 50GWh 及以上的河流共计 1420 条, 水能资源理论蕴藏量共计 687TWh/a, 占全球水能资源理论蕴藏量的 1.5%。大洋洲水能的待开发潜力主要集中在普拉里河、弗莱河、克鲁萨河等流域。报告对大洋洲墨累河、塔马尔河、德文特河、克鲁萨河、怀塔基河、普拉里河、弗莱河、塞皮克河 8 个主要流域开展了水能资源的数字化评估测算, 其分布如图 1-9 所示, 流域面积约 162 万 km², 占大洋洲一级河流的 37%, 覆盖了主要待开发的水能资源。

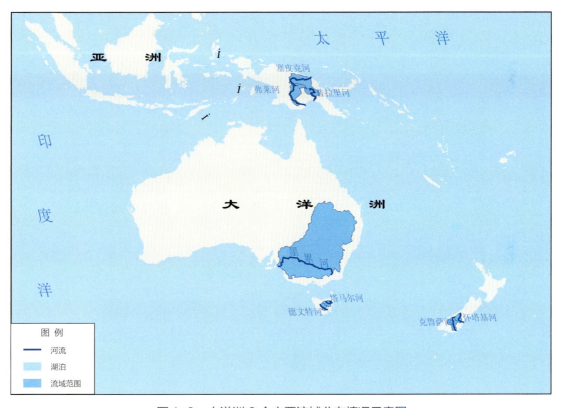

图 1-9　大洋洲 8 个主要流域分布情况示意图

　　经过数字平台测算, 8 个流域的理论蕴藏量总和约 526TWh/a, 具体结果见表 1-6。

　　按照流域涉及国家开展国别统计评估, 水能理论蕴藏量主要分布在澳大利亚、新西兰、巴布亚新几内亚 3 个国家, 其中巴布亚新几内亚水能资源理论蕴藏量最高, 为 430.27TWh/a, 见表 1-7。

表1-6　大洋洲8个流域水能资源理论蕴藏量

序号	流域名称	流域面积（万 km²）	理论蕴藏量（TWh/a）
1	墨累河	134	31.38
2	塔马尔河	1.8	2.28
3	德文特河	1.5	6.21
4	克鲁萨河	4.1	26.07
5	怀塔基河	2.3	26.70
6	普拉里河	3.3	177.67
7	弗莱河	6.5	141.84
8	塞皮克河	8.1	113.88
合计		161.6	526.03

表1-7　大洋洲按国别统计的8个流域水能资源理论蕴藏量

TWh/a

序号	国家名称	理论蕴藏量	流域
1	澳大利亚	39.87	墨累河、塔马尔河、德文特河
2	新西兰	52.77	克鲁萨河、怀塔基河
3	巴布亚新几内亚	430.27	普拉里河、弗莱河、塞皮克河
4	印度尼西亚[①]	3.12	弗莱河、塞皮克河

① 弗莱河和塞皮克河部分河段在印度尼西亚境内。

1.2.6　评估结果

在开展大洋洲8个流域数字化水能资源评估的基础上，报告选取普拉里河、弗莱河，详述了流域干、支流评估的过程和结果。考虑到系统性和完整性，报告给出了其他6个流域的主要评估结果。

1.2.6.1　普拉里河流域

普拉里河（Purari River）流域水能资源丰富。基于基础数据和算法模型建立了普拉里河数字化河网，河网总长度6187km，覆盖面积约3.3万 km²，蕴藏总量177.67TWh/a。分析流域内具有水能开发价值（理论蕴藏量1TWh/a以上）的河流（河段）28条，共计1069km；其中具有丰富水能资源（理论蕴藏量5TWh/a以上）的河流（河段）4条。流域分布如图1-10所示。

图 1-10　普拉里河主要河流理论蕴藏量分布示意图

　　普拉里河干流与主要支流河流长度、集雨面积以及水能理论蕴藏量的计算结果见表 1-8。普拉里河流域水能资源主要分布于其干流，理论蕴藏量为75.60TWh/a，占比为 42.55%；其次为埃拉韦河，理论蕴藏量为 43.90TWh/a，占比为 24.71%。

表 1-8　普拉里河干流与主要支流理论蕴藏量

序号	河流名称	长度（km）	集雨面积（km²）	理论蕴藏量（TWh/a）
1	普拉里河干流（Purari）	568	32535	75.60
2	埃拉韦河（Erave）	274	4859	43.90
3	考格伊河（Kaugei）	145	3674	14.42
4	奥雷河（Aure）	160	4248	17.07
5	图阿河（Tua）	91	3077	6.46
6	拉罗河（Laro）	124	883	5.23
7	其他	—	—	14.99
普拉里河总计		—	—	177.67

从流域河段看，普拉里河流域具有丰富水能资源的河段主要集中在干流中上游、中下游以及支流埃拉韦河。其中分布于干流上的有三段：按照河流流向，第一段位于孔迪亚瓦（Kundiawa）至古米内（Gumine）附近，河段长约 39km，理论蕴藏量 7.32TWh/a；第二段位于干流与图阿河汇合处至卡里穆伊（Karimui）附近，河段长约 35km，理论蕴藏量 8.98TWh/a；第三段位于干流与拉罗河汇合处至卡拉巴伊（Kalabai）附近，河段长约 71km，理论蕴藏量 31.99TWh/a。分布于支流上的有一段，位于埃拉韦河上的埃拉韦县以下河段，长约 101km，理论蕴藏量 25.52TWh/a。普拉里河是巴布亚新几内亚境内河流。

1.2.6.2　弗莱河流域

弗莱河（Fly River）流域水能资源丰富。基于基础数据和算法模型建立了弗莱河数字化河网，河网总长度 11052km，覆盖面积 6.5 万 km^2，蕴藏总量 141.84TWh/a。分析流域内具有水能开发价值（理论蕴藏量 1TWh/a 以上）的河流（河段）18 条，共计 1173km。其中具有丰富水能资源（理论蕴藏量 5TWh/a 以上）的河流（河段）2 条。流域分布如图 1-11 所示。

弗莱河干流与主要支流河流长度、集雨面积以及水能理论蕴藏量的计算结果见表 1-9。弗莱河流域水能资源主要分布于斯特里克兰河（Strickland River），理论蕴藏量为 116.31TWh/a，占比为 82.01%；其次为奥克泰迪河（Ok Tedi River），理论蕴藏量为 10.34TWh/a，占比为 7.29%。

表 1-9　弗莱河干流与主要支流理论蕴藏量

序号	河流名称	长度（km）	集雨面积（km^2）	理论蕴藏量（TWh/a）
1	弗莱河干流（Fly）	966	64784	9.17
2	斯特里克兰河（Strickland）	691	35134	116.31
3	奥克泰迪河（Ok Tedi）	203	4905	10.34
4	其他	—	—	6.02
弗莱河总计		—	—	141.84

图 1-11　弗莱河主要河流理论蕴藏量分布示意图

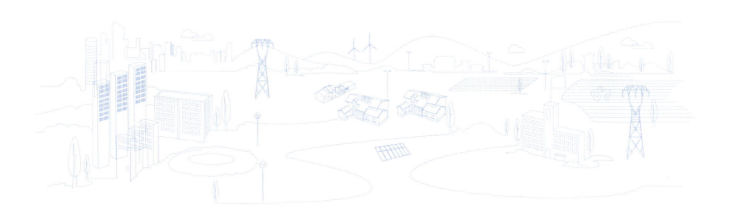

从流域河段看，弗莱河流域具有丰富水能资源的河段主要集中在支流斯特里克兰河上游。按照河流流向，第一段位于斯特里克兰河干流源流拉盖普河（Lagaip River）流域的拉亚加姆（Laiagam）至波尔盖拉（Porgera）附近，河段长约 46km，理论蕴藏量 11.42TWh/a；第二段位于科皮亚戈（Kopiago）至科莫加托（Komogato）附近，河段长约 135km，理论蕴藏量 32.71TWh/a。

弗莱河流域的主要国家有巴布亚新几内亚和印度尼西亚，超过 95% 的水能蕴藏量分布在巴布亚新几内亚。

1.2.6.3 墨累河流域

墨累河（Murray River）流域水能资源较好。基于基础数据和算法模型建立了墨累河数字化河网，河网总长度 182893km，覆盖面积 134 万 km^2，蕴藏总量 31.38TWh/a。分析流域内具有水能开发价值（理论蕴藏量 1TWh/a 以上）的河流（河段）3 条，共计 701km。

墨累河干流与主要支流河流长度、集雨面积以及水能理论蕴藏量的计算结果见表 1-10。墨累河流域水能资源主要分布于马兰比吉河（Murrumbidgee River），理论蕴藏量为 8.38TWh/a，占比为 26.71%；其次为墨累河干流，理论蕴藏量为 6.53TWh/a，占比为 20.82%。墨累河是澳大利亚境内河流。

表 1-10　墨累河干流与主要支流理论蕴藏量

序号	河流名称	长度（km）	集雨面积（km^2）	理论蕴藏量（TWh/a）
1	墨累河干流（Murray）	2004	1341253	6.53
2	马兰比吉河（Murrumbidgee）	1311	160754	8.38
3	达令河（Darling）	2308	813741	2.59
4	坎帕斯皮河（Campaspe）	534	34717	0.04
5	古尔本河（Goulburn）	635	45843	1.82

序号	河流名称	长度（km）	集雨面积（km²）	理论蕴藏量（TWh/a）
6	奥文斯河（Ovens）	263	11467	4.18
7	米塔米塔河（Mittamitta）	314	9649	4.17
8	阿沃卡河（Avoca）	576	34726	0.01
9	其他	—	—	3.66
墨累河总计		—	—	31.38

1.2.6.4　塔马尔河流域

塔马尔河（Tamar River）流域水能资源一般。基于基础数据和算法模型建立了塔马尔河数字化河网，河网总长度 4382km，覆盖面积 1.8 万 km²，蕴藏总量 2.28TWh/a。分析流域内具有水能开发价值（理论蕴藏量 1TWh/a 以上）的河流（河段）1 条，共计 103km。

塔马尔河干流与主要支流河流长度、集雨面积以及水能理论蕴藏量的计算结果见表 1-11。塔马尔河流域水能资源主要分布于其干流，理论蕴藏量为 0.92TWh/a，占比为 40.45%；其次为麦夸里河（Macquarie River），理论蕴藏量为 0.56TWh/a，占比为 24.75%。塔马尔河位于塔斯马尼亚岛，是澳大利亚境内河流。

表 1-11　塔马尔河干流与主要支流理论蕴藏量

序号	河流名称	长度（km）	集雨面积（km²）	理论蕴藏量（TWh/a）
1	塔马尔河干流[1]（Tamar）	359	18363	0.92
2	北埃斯克河（North Esk）	96	1925	0.33
3	麦夸里河（Macquarie）	202	7318	0.56
4	明德河（Meander）	116	2747	0.30
5	其他	—	—	0.17
塔马尔河总计		—	—	2.28

[1] 以南埃斯克河（South Esk）为源头。

1.2.6.5 德文特河流域

德文特河（Derwent River）流域水能资源一般。基于基础数据和算法模型建立了德文特河数字化河网，河网总长度 3489km，覆盖面积 1.5 万 km²，蕴藏总量 6.21TWh/a。分析流域内具有水能开发价值（理论蕴藏量 1TWh/a 以上）的河流（河段）2 条，共计 187km。

德文特河干流与主要支流河流长度、集雨面积以及水能理论蕴藏量的计算结果见表 1-12。德文特河流域水能资源主要分布于其干流，理论蕴藏量为 2.03TWh/a，占比为 32.66%；其次为尼夫河（Nive River），理论蕴藏量为 1.83TWh/a，占比为 29.40%。德文特河位于塔斯马尼亚岛，是澳大利亚境内河流。

表 1-12　德文特河干流与主要支流理论蕴藏量

序号	河流名称	长度（km）	集雨面积（km²）	理论蕴藏量（TWh/a）
1	德文特河干流（Derwent）	292	14863	2.03
2	乌斯河（Ouse）	176	3156	1.43
3	尼夫河（Nive）	105	2378	1.83
4	克莱德河（Clyde）	144	2039	0.24
5	斯提克斯（Styx）	73	654	0.06
6	佛罗伦萨河（Florentine）	70	740	0.04
7	其他	—	—	0.58
德文特河总计		—	—	6.21

1.2.6.6 克鲁萨河流域

克鲁萨河（Clutha River）流域水能资源较好。基于基础数据和算法模型建立了克鲁萨河数字化河网，河网总长度 9441km，覆盖面积 4.1 万 km²，蕴藏总量 26.07TWh/a。分析流域内具有水能开发价值（理论蕴藏量 1TWh/a 以上）的河流（河段）6 条，共计 320km。

克鲁萨河干流与主要支流河流长度、集雨面积以及水能理论蕴藏量的计算结果见表 1-13。克鲁萨河流域水能资源主要分布于其干流，理论蕴藏量为 10.00TWh/a，占比为 38.35%；其次为卡瓦劳河（Kawarau River），理论蕴藏量为 9.52TWh/a，占比为 36.53%。克鲁萨河位于新西兰南岛，是新西兰境内河流。

表 1-13　克鲁萨河干流与主要支流理论蕴藏量

序号	河流名称	长度（km）	集雨面积（km²）	理论蕴藏量（TWh/a）
1	克鲁萨河干流（Clutha）	387	41475	10.00
2	卡瓦劳河（Kawarau）	258	11404	9.52
3	曼努海力其亚河（Manuherikia）	139	6026	0.48
4	哈威亚河（Hawea）	143	2786	1.40
5	玛图基图基河（Matukituki）	83	1969	1.49
6	波马哈卡河（Pomahaka）	269	4127	0.38
7	其他	—	—	2.80
	克鲁萨河总计	—	—	26.07

1.2.6.7　怀塔基河流域

怀塔基河（Waitaki River）流域水能资源较好。基于基础数据和算法模型建立了怀塔基河数字化河网，河网总长度 6093km，覆盖面积 2.3 万 km²，蕴藏总量 26.70TWh/a。分析流域内具有水能开发价值（理论蕴藏量 1TWh/a 以上）的河流（河段）8 条，共计 443km。

怀塔基河干流与主要支流河流长度、集雨面积以及水能理论蕴藏量的计算结果见表 1-14。怀塔基河流域水能资源主要分布于其干流，理论蕴藏量为 11.23TWh/a，占比为 42.05%；其次为特卡波河（Tekapo River），理论蕴藏量为 6.32TWh/a，占比为 23.68%。怀塔基河位于新西兰南岛，是新西兰境内河流。

表 1-14　怀塔基河干流与主要支流理论蕴藏量

序号	河流名称	长度（km）	集雨面积（km²）	理论蕴藏量（TWh/a）
1	怀塔基河干流（Waitaki）	191	23326	11.23
2	特卡波河（Tekapo）	179	5301	6.32
3	普卡基河（Pukaki）	158	2666	5.44
4	奥豪河（Ohau）	160	3726	2.42
5	阿胡里里河（Ahuriri）	150	3354	0.88
6	其他	—	—	0.41
	怀塔基河总计	—	—	26.70

1.2.6.8 塞皮克河流域

塞皮克河（Sepik River）流域水能资源丰富。基于基础数据和算法模型建立了塞皮克河数字化河网，河网总长度 11768km，覆盖面积 8.1 万 km^2，蕴藏总量 113.88TWh/a。分析流域内具有水能开发价值（理论蕴藏量 1TWh/a 以上）的河流（河段）15 条，共计 1072km。

塞皮克河干流与主要支流河流长度、集雨面积以及水能理论蕴藏量的计算结果见表 1-15。塞皮克河流域水能资源主要分布于尤埃特河（Yuet River），理论蕴藏量为 56.72TWh/a，占比为 49.80%；其次为塞皮克河干流，理论蕴藏量为 26.06TWh/a，占比为 22.88%。塞皮克河流域的主要国家有巴布亚新几内亚和印度尼西亚，超过 95% 的水能蕴藏量分布在巴布亚新几内亚。

表 1-15　塞皮克河干流与主要支流理论蕴藏量

序号	河流名称	长度（km）	集雨面积（km^2）	理论蕴藏量（TWh/a）
1	塞皮克河干流（Sepik）	1048	80798	26.06
2	尤埃特河（Yuet）	336	11850	56.72
3	阿普里尔河（April）	154	3523	1.63
4	梅河（May）	143	3326	1.89
5	弗里达河（Frieda）	105	1570	2.17
6	凯拉姆河（Keram）	114	3586	0.65
7	科洛萨默河（Korosamerie）	187	7390	6.67
8	莱纳德·舒尔茨河（Leonard Schultze）	134	1907	1.49
9	霍登河（Horden）	135	3859	2.03
10	斯克鲁河（Screw）	128	3146	0.72
11	其他	—	—	13.85
	塞皮克河总计	—	—	113.88

1.3 基地开发

1.3.1 开发现状

从 2012 年起大洋洲水电装机容量开始略有增长，2018 年总装机容量达到 14.19GW，大洋洲历年水电总装机容量如图 1-12（a）所示[1]。其中，澳大利亚、新西兰和斐济水电装机容量较大，分别为 7289、5346MW 和 141MW，发电量分别为 14197、25000GWh 和 618GWh，见表 1-16[2]。2010—2018 年，大洋洲主要国家历年水电装机容量如图 1-12（b）所示，澳大利亚和新西兰的水电新增装机容量较少，澳大利亚大型水电站 Tumut3，装机容量 1500MW。新西兰大型水电站 Manapouri，装机容量 800MW。

根据国际可再生能源署统计，2010—2018 年，大洋洲水电加权平均的初投资水平有所上涨，从 3600 美元 /kW 升至 3850 美元 /kW。大洋洲水电加权平均的度电成本为 12.5~18.5 美分 /kWh[3]。

（a）大洋洲历年水电总装机容量 （b）大洋洲主要国家历年水电装机

图 1-12 大洋洲水电装机容量

表 1-16 2018 年大洋洲主要国家水电开发情况

国家	水电装机容量（MW）	水电发电量（GWh）
澳大利亚	7289	14197
新西兰	5346	25000
斐济	141	618

[1] 资料来源：International Renewable Energy Agency. Renewable capacity statistics 2019[R]. Abu Dhabi: IRENA, 2019.

[2] 资料来源：彭博社 . 全球装机和发电量统计 [EB/OL]，2020-02-24.

[3] 资料来源：International Renewable Energy Agency. Renewable Power Cost in 2018[R]. Abu Dhabi: IRENA, 2019.

1.3.2 基地布局

综合考虑资源特性和开发条件，大洋洲未来主要开发普拉里河、弗莱河、克鲁萨河3个流域。基于数字化平台对各流域开展基地开发方案研究，提出水能资源富集的待开发河段梯级布置方案，完成主要大型水电项目的选址研究。大洋洲水电基地布局如图1-13所示。

图1-13 大洋洲大型水电基地总体布局示意图

经测算分析，大洋洲3个水电基地共涉及19个待开发梯级，总装机规模23.58GW，年发电量109.61TWh，相关水能资源及基地梯级开发技术指标见表1-17。根据远景规划，3个大型水电基地未来开发总规模有望超过130GW。

表 1-17　大洋洲三大流域及大型水电基地技术开发指标

序号	河流名称	理论蕴藏量（TWh/a）	待开发梯级方案		
			电站数目（座）	装机容量（MW）	年发电量（GWh）
1	普拉里河干流	75.60	8	14350	66857
2	弗莱河支流斯特里克兰河	56.99	7	8390	38982
3	克鲁萨河干流	10.00	4	840	3769
总计		142.59	19	23580	109608

上述 3 个流域集中了大洋洲主要的待开发水电资源，且分布集中、开发条件相对较好。本报告采用数字化平台完成了 3 个基地所有待开发梯级布置方案的研究，并选取 3 个技术经济指标相对较好的水电项目提了具体开发方案的研究成果，可为有关项目开发提供参考。

1.3.3　普拉里河干流基地

巴布亚新几内亚地处热带雨林地区，降水量大，国内河流众多，较大的河流都发源于新几内亚岛的中部山区，分别由南北坡地流入海洋。普拉里河（Purari River）是中央山系以南地区的河流，位于巴布亚新几内亚中部。普拉里河发源于俾斯麦岭（Bismarck）南坡，在群山中蜿蜒而行，流向西南转南，中游覆盖着大片原始森林，下游形成多股汊河，于沼泽三角洲注入巴布亚湾（Papua）。根据数字平台测算，普拉里河流域集雨面积 32535km²，全长约 568km，落差 2046m，河道平均比降约 0.360%。

1.3.3.1　重点河段分析

普拉里河干流源于俾斯麦岭中的芒特哈根（Mount Hagen）附近，上游芒特哈根—孔迪亚瓦（Kundiawa）河段长约 98km，落差约 229m，河道平均比降约 0.234%。该地区属巴布亚新几内亚中部高原，河谷地带多城镇和耕地，河水流速较快。

上游孔迪亚瓦—卡里穆伊（Karimui）河段长约 117km，落差约 861m，河道平均比降约 0.736%。该河段河谷狭长，河水深切，落差较为集中，部分河段有急流。

下游卡里穆伊—瓦博（Wabo）河段长约 169km，落差约 495m，河道平均比降约 0.293%。该河段河流由一段相对平坦的原始森林区域流入山谷，河水流速较快，该区域人烟稀少，开发条件较好。

普拉里河干流在下游距离河口约 40km 处分为多条岔流，形成了一片人口较为密集的沼泽三角洲地带。

普拉里河干流各河段理论蕴藏量见表 1-18。普拉里河水能丰富河段为上游孔迪亚瓦—卡里穆伊河段和下游卡里穆伊—瓦博河段，理论蕴藏量共计 69.28TWh/a，占普拉里河干流总蕴藏量的 91.6%。普拉里河上游芒特哈根附近河段多城镇耕地，下游沼泽三角洲地带地势平坦，开发条件较差。本报告重点研究上游孔迪亚瓦—卡里穆伊河段和下游卡里穆伊—瓦博河段的水能资源开发。

表 1-18 普拉里河干流分河段水能理论蕴藏量

TWh/a

序号	河段	理论蕴藏量
1	上游芒特哈根—孔迪亚瓦河段	2.06
2	上游孔迪亚瓦—卡里穆伊河段	24.16
3	下游卡里穆伊—瓦博河段	45.12
4	下游瓦博以下河段	4.14
5	其余河段	0.12
合计		75.60

1.3.3.2 梯级布置方案

1. 上游孔迪亚瓦—卡里穆伊河段

河段两岸以山地丘陵地貌为主，河谷狭长。根据地形条件，可在孔迪亚瓦镇上游约 8km 处布置一座坝式电站孔迪亚瓦（Kundiawa），正常蓄水位 1495m，利用落差 73m。在古米内镇下游约 5km 处可布置一座坝式电站古米内（Gumine），与孔迪亚瓦坝址尾水相接，正常蓄水位 1420m，利用落差

205m。在卢法县（Lufa）以西约30km处可布置基亚里（Kiari）梯级，与古米内首尾相接，正常蓄水位1215m，利用落差523m。在卡里穆伊镇西北约6km处可设置卡里穆伊（Karimui）梯级，与古米内坝址水位相接，正常蓄水位691m，利用落差144m。4个梯级位置如图1-14所示，共利用落差945m，总装机容量4850MW。

图1-14　孔迪亚瓦至卡里穆伊河段梯级位置示意图

2. 下游苏阿尼—瓦博河段

河段两岸以丘陵为主，由相对平坦的原始森林区域流入山谷后再逐渐由山地丘陵地区流向平原地带。根据地形条件，可在干流与埃拉韦河交汇处下游约10km处设置苏阿尼（Suani）梯级，正常蓄水位546m，利用落差321m。在苏阿尼梯级以下可布置卡拉巴伊（Kalabai）、乌拉鲁（Uraru）、拜穆鲁（Baimuru）三座首尾相接的梯级，正常蓄水位分别为225、65、32m。4个梯级位置如图1-15所示，共利用落差534m，总装机容量9500MW。

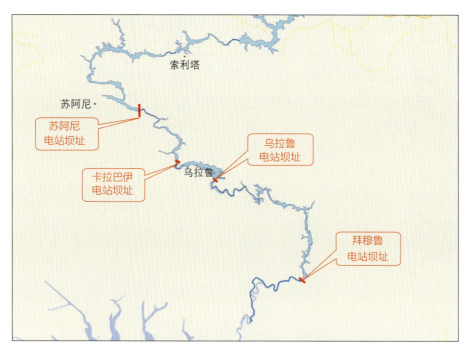

图 1-15　苏阿尼至瓦博河段梯级位置示意图

综上所述，普拉里河干流河段采用 8 级开发，共计利用落差 1479m，总装机容量 14350MW，年发电量 66857GWh。8 个梯级的河段梯级纵剖面如图 1-16 所示，主要技术指标测算结果见表 1-19。

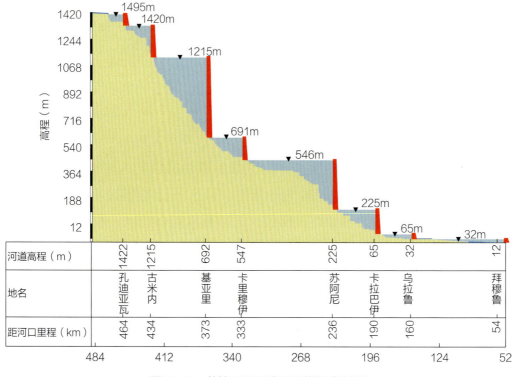

河道高程（m）	1422	1215	692	547	225	65	32	12
地名	孔迪亚瓦	古米内	基亚里	卡里穆伊	苏阿尼	卡拉巴伊	乌拉鲁	拜穆鲁
距河口里程（km）	464	434	373	333	236	190	160	54

图 1-16　普拉里河干流河段梯级纵剖面

表1-19　普拉里河干流研究河段梯级开发方案主要技术指标

项目	普拉里河干流研究河段							
	Kundiawa 孔迪亚瓦	Gumine 古米内	Kiari 基亚里	Karimui 卡里穆伊	Suani 苏阿尼	Kalabai 卡拉巴伊	Uraru 乌拉鲁	Baimuru 拜穆鲁
坝址控制流域面积（km²）	2896	4008	8578	9807	21813	24769	25091	30966
坝址多年平均流量（m³/s）	169.71	217.79	384.47	440.34	1143.93	1287.33	1304.19	1555.19
开发方式	坝式	坝式	坝式	坝式	坝式	坝式	坝式	坝式
初估坝长（km）	0.37	0.41	2.03	0.98	1.17	0.32	0.39	0.4
正常蓄水位（m）	1495	1420	1215	691	546	225	65	32
死水位（m）	1487	1415	1206	685	533	219	62	30
坝址水面高程（m）	1422	1215	692	547	225	65	32	12
坝壅水高（m）	73	205	523	144	321	160	33	20
厂址水面高程（m）	1422	1215	692	547	225	65	32	12
利用落差（m）	73	205	523	144	321	160	33	20
正常蓄水位以下库容（万m³）	226272	65653	1973106	201214	760473	143242	66844	44362
调节库容（万m³）	53508	4899	102263	17830	128568	12417	11493	11435
调节能力	年调节	无调节	年调节	日调节	年调节	日调节	无调节	无调节
发电引用流量（m³/s）	315	368	652	764	1913	2139	2303	2685
引水线路（km）	—	—	—	—	—	—	—	—
装机容量（MW）	200	700	3000	950	5400	3000	650	450
年发电量（GWh）	850	3089	13956	4317	25455	14233	2902	2055
装机利用小时数	4248	4413	4652	4544	4714	4744	4465	4566

待开发的 8 个梯级电站中，基亚里和苏阿尼 2 个梯级装机规模较大，技术指标较好，具备集中开发利用的资源条件。报告采用数字平台重点研究并提出了 2 个电站的初步开发方案。

1.3.3.3　基亚里开发方案

基于数字化水电宏观选址方法，全面收集电站近区的建站制约性因素基础数据，经过对比分析，提出了基亚里水电站的初步开发方案。

1.　建设条件

基亚里水电站位于巴布亚新几内亚中部的普拉里河上，坝址距首都莫尔兹比港（Portmoresby）约 400km，距第二大城市莱城约 200km。水库区为峡谷地貌，两岸无大型崩塌、滑坡等不良地质体分布，地面覆盖物以树林和草本植被为主，具备建库条件，库区内无村庄等人工建筑物，库区主要地面覆盖物分布如图 1-17 所示。库区面积约 127km^2，涉及淹没的树林、草本植被等地面覆盖物约 112km^2。水库区域南临野生生物类保护区，开发时需参考当地政策，如图 1-18 所示。

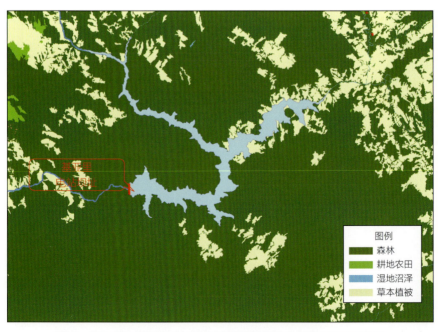

图 1-17　基亚里水电站库区主要地面覆盖物分布情况示意图

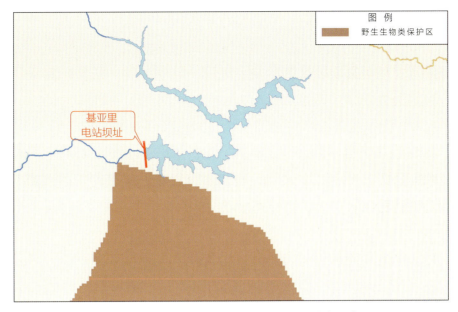

图 1-18　基里亚水电站周边主要保护区分布示意图

坝址以东约 30km 处有卢法县,库区范围内人口密度约为 15 人 /km²,估算淹没影响人口约 1700 人。

基亚里水电站坝址及库区主要岩层分布如图 1-19 所示,周边范围内碳酸盐沉积岩和混合沉积岩主要发育,区域构造稳定性好。坝址及库区地质条件较好,推测基础整体承载力及变形满足要求,局部软弱岩体经过适当的基础处理后可作为大坝的建基面,初拟采用坝后式厂房建基于基岩。

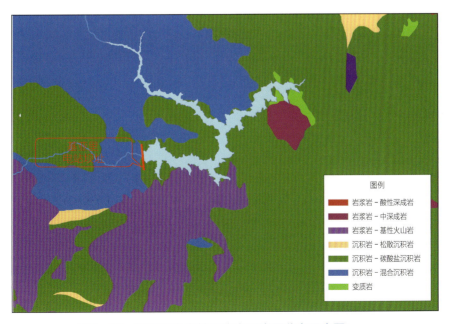

图 1-19　基里亚水电站周边主要岩层分布示意图

2. 工程设想与投资估算

根据基亚里水电站坝址区的水文、地形、地质条件，初步拟定采用坝式开发方案。利用迈克尔山（Michael）以西相对宽阔的河谷地作为库区，设置大型调节性水库。电站正常蓄水位 1215m，挡水建筑物采用混凝土坝，坝顶高程 1217m，坝轴线总长 2030m，总库容约 197 亿 m³。水电站枢纽主要建筑物由混凝土坝和坝后式厂房组成。采用坝身泄洪，溢流坝段布置于主河道，厂房布置于地形相对平坦的左岸。

基亚里水电站发电水头 518.5m，发电引用流量 651.58m³/s。采用 12 台机组，单机容量 250MW，单机引用流量 54m³/s，初步拟定电站总装机容量 3000MW。工程三维效果如图 1-20 所示。

经测算，基亚里水电站年发电量 14.0TWh，估算总投资约 75 亿美元，其中机电设备投资约 21 亿美元。参照大洋洲水电工程建设工期、财务参数（具体可参见报告 1.1.3 节有关内容），结合项目技术指标，测算其综合度电成本 4.85 美分 / kWh，项目经济性较好。

图 1-20　基亚里水电站工程三维效果示意图

1.3.3.4 苏阿尼开发方案

基于数字化水电宏观选址方法，全面收集电站近区的建站制约性因素基础数据，经过对比分析，提出了苏阿尼水电站的初步开发方案。

1. 建设条件

苏阿尼水电站位于巴布亚新几内亚中部的普拉里河上，坝址距首都莫尔兹比港（Portmoresby）约 420km。水库区地形平缓，无大型崩塌、滑坡等不良地质体分布，地面覆盖物以树林为主，具备建库条件，库区内无村庄等人工建筑物，库区主要地面覆盖物分布如图 1-21 所示。库区面积约 119km^2，涉及淹没的树林等地面覆盖物约 92km^2。水库区域无自然保护区，距离最近的野生生物类保护区约 10km，如图 1-22 所示。

水库周边无大型城镇分布，库区范围内人口密度约为 10 人 /km^2，估算淹没影响人口约 900 人。

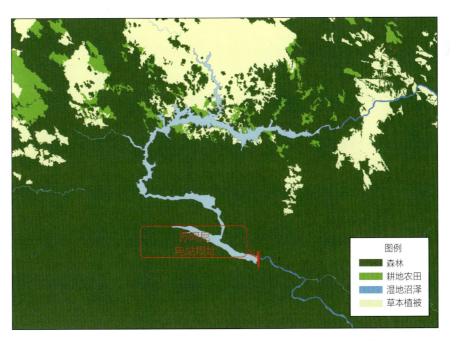

图 1-21　苏阿尼水电站库区主要地面覆盖物分布情况示意图

图 1-22　苏阿尼水电站周边主要保护区分布示意图

　　苏阿尼水电站坝址及库区主要岩层分布如图 1-23 所示，周边范围内混合沉积岩和碳酸盐沉积岩主要发育，区域构造稳定性好。坝址及库区地质条件较好，推测基础整体承载力及变形满足要求，局部软弱岩体经过适当的基础处理后可作为大坝的建基面，具备修建混凝土坝的条件，初拟采用坝式开发方案。

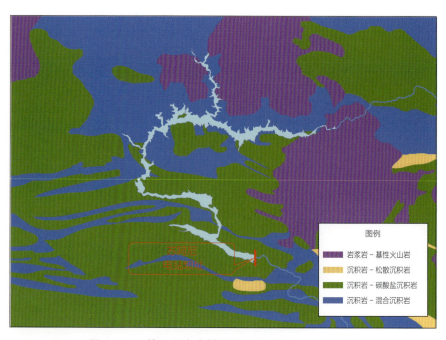

图 1-23　苏阿尼水电站周边主要岩层分布示意图

2. 工程设想与投资估算

苏阿尼水电站利用中下游的山间盆地区域作为库区，设置大型调节性水库。水电站正常蓄水位为546m，坝顶高程为548m，拦河大坝坝轴线总长1170m，坝址水面高程225m，总库容76亿m³，厂房布置于坝址下游右岸地形相对较缓的区域。

苏阿尼水电站发电水头314.5m，发电引用流量1913.18m³/s。采用18台机组，单机容量300MW，单机引用流量106m³/s，初步拟定电站总装机容量5400MW。工程三维效果如图1-24所示。

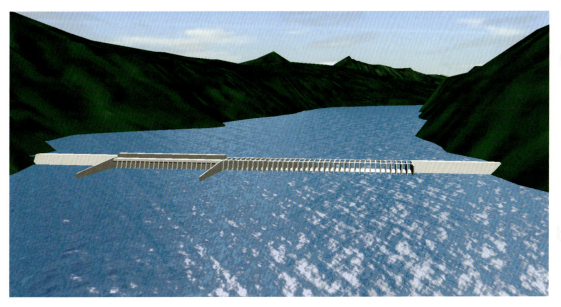

图1-24 苏阿尼水电站工程三维效果示意图

经测算，苏阿尼水电站年发电量25.5TWh，估算总投资约108亿美元，其中机电设备投资约30亿美元。参照大洋洲水电工程建设工期、财务参数（具体可参见报告1.1.3节有关内容），结合项目技术指标，测算其综合度电成本4.01美分/kWh，项目经济性好。

1.3.4　斯特里克兰河干流基地

斯特里克兰河（Strickland）河位于巴布亚新几内亚西部，属于中央山系以南地区的河流，是弗莱河的最大支流。斯特里克兰河发源于中央岭（Central），上游分为两支——东支拉盖普河（Lagaip）和西支奥姆河（Ok Om），两支在科罗巴—科皮亚戈县（Koroba Kopiago）附近汇合后向南流，下游接纳默里湖（Murray）湖水后于卡维亚南加（Kaviananga）注入弗莱河。根据数字平台测算，斯特里克兰河流域集雨面积 35134km²，全长约 691km，落差 2782m，河道平均比降约 0.403%。

1.3.4.1　重点河段分析

斯特里克兰河干流源流拉盖普河源于中央岭中的瓦巴格县（Wabag）附近，上游拉亚加姆（Laiagam）至拉盖普河与奥姆河汇合处的科皮亚戈（Kopiago）河段长约 153km，落差约 1544m，河道平均比降 1.009%。该河段两岸山体雄厚，河谷狭长，河道较窄，水流湍急。

上游科皮亚戈至科莫加托（Komogato）附近河段长约 166km，落差约 457m，河道平均比降 0.275%。拉盖普河与奥姆河汇合后河道变宽，河谷两岸仍以山体为主，地形狭长，部分河段有急流险滩。

中游伊吉比拉（Igibira）至戈伊约博姆（Goiyobom）河段长约 132km，落差约 55m，河道平均比降 0.042%。该河段流速趋缓，河谷展宽，多有江心岛形成。

下游戈伊约博姆至斯特里克兰河与弗莱河汇合处河段长约 188km，落差约 29m，河道平均比降 0.015%。该河段两岸多为沼泽地带，地势平坦，河道蜿蜒曲折。

斯特里克兰河干流各河段理论蕴藏量见表 1-20。斯特里克兰河水能丰富的河段为上游拉亚加姆至卡里穆伊河段，理论蕴藏量共计 45.51TWh/a，占斯特里克兰河干流总蕴藏量的 79.9%。斯特里克兰河中下游河段地势平坦，两岸多为沼泽平原，开发条件较差。本报告重点研究斯特里克兰河上游河段的水能资源开发。

表 1-20 斯特里克兰河干流分河段水能理论蕴藏量

TWh/a

序号	河段	理论蕴藏量
1	上游拉亚加姆—科皮亚戈河段	17.12
2	上游科皮亚戈—卡里穆伊河段	28.39
3	中游伊吉比拉—戈伊约博姆河段	5.65
4	下游戈伊约博姆以下河段	4.21
5	其余河段	1.62
合计		56.99

1.3.4.2 梯级布置方案

斯特里克兰河上游河段两岸地形主要为高原山地，河谷宽窄相间。根据地形条件，可在瓦巴格县西北约 40km 处布置一座混合式电站拉亚加姆（Laiagam），正常蓄水位 2180m，利用落差 748m，引水线路长约 5.6km。在波尔盖拉以北约 25km 处，可布置波尔盖拉（Porgera）梯级，与拉亚加姆坝址水位相接。波尔盖拉采用混合式开发，正常蓄水位 1430m，利用落差 514m，引水线路长约 7.6km。在波尔盖拉梯级库区至拉盖普河与奥姆河汇合处河段可设置两座首尾相接的电站奥雷（Orei）和科皮亚戈 1 级（Kopiago 1），正常蓄水位分别为 915m 和 655m，利用落差分别为 259m 和 105m。在科罗巴—科皮亚戈县西南约 45km 处可设置科皮亚戈 2 级电站（Kopiago 2），正常蓄水位 550m，利用落差 310m。在科皮亚戈 2 级库区以下可布置两座首尾相接的电站科莫加托（Komogato）和杜阿拉（Duara），正常蓄水位分别为 240m 和 145m，利用落差分别为 95m 和 12m。

综上分析，斯特里克兰河干流上游河段采用 7 级开发，共计利用落差 2043m，总装机容量 8390MW，年发电量 38982GWh。7 个梯级的位置如图 1-25 所示，河段梯级纵剖面如图 1-26 所示，7 个梯级的主要技术指标测算结果见表 1-21。

图 1-25　斯特里克兰河干流河段梯级位置示意图

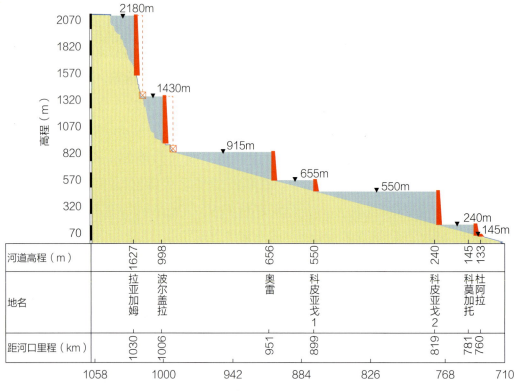

河道高程（m）	1627	998		656	550		240	145 133
地名	拉亚加姆	波尔盖拉		奥雷	科皮亚戈1		科皮亚戈2	科莫加托 杜阿拉
距河口里程（km）	1030	1006		951	899		819	781 760

图 1-26　斯特里克兰河干流河段梯级纵剖面

表1-21　斯特里克兰河干流研究河段梯级开发方案主要技术指标

项目	斯特里克兰河干流研究河段						
	Laiagam 拉亚加姆	Porgera 波尔盖拉	Orei 奥雷	Kopiago 1 科皮亚戈1	Kopiago 2 科皮亚戈2	Komogato 科莫加托	Duara 杜阿拉
坝址控制流域面积（km²）	1349	1844	3773	6310	10860	11453	14496
坝址多年平均流量（m³/s）	91.94	123.81	248.25	411.99	766.71	808.47	1026.03
开发方式	混合式	混合式	坝式	坝式	坝式	坝式	坝式
初估坝长（km）	1.51	1.83	1.28	0.65	0.85	0.45	0.76
正常蓄水位（m）	2180	1430	915	655	550	240	145
死水位（m）	2173	1422	910	650	540	235	143
坝址水面高程（m）	1627	998	656	550	240	145	133
坝壅水高（m）	553	432	259	105	310	95	12
厂址水面高程（m）	1432	916	656	550	240	145	133
利用落差（m）	748	514	259	105	310	95	12
正常蓄水位以下库容（万m³）	564723	730697	337642	143243	618506	43060.88	4855.49
调节库容（万m³）	24978	33436	15137	13125	70170	5818.43	1025.15
调节能力	年调节	年调节	日调节	日调节	年调节	无调节	无调节
发电引用流量（m³/s）	156	211	404	752	1284	1387	1959
引水线路（km）	6	8	—	—	—	—	—
装机容量（MW）	1000	940	920	690	3500	1150	190
年发电量（GWh）	4657	4348	4454	2979	16474	5285	785
装机利用小时数	4657	4625	4841	4318	4707	4595	4130

待开发的 7 个梯级电站中，科皮亚戈 2 级电站装机规模较大，技术指标较好，具备集中开发利用的资源条件。报告采用数字平台重点研究并提出了科皮亚戈 2 级电站的初步开发方案。

1.3.4.3 科皮亚戈 2 级电站开发方案

基于数字化水电宏观选址方法，全面收集电站近区的建站制约性因素基础数据，经过对比分析，提出了科皮亚戈 2 级水电站的初步开发方案。

1. 建设条件

科皮亚戈 2 级水电站位于巴布亚新几内亚西部的斯特里克兰河上，坝址南距托雷斯海峡（Torres）约 400km。水库区为峡谷地貌，两岸无大型崩塌、滑坡等不良地质体分布，地面覆盖物以树林和草本植被为主，具备建库条件，库区内无村庄等人工建筑物，库区主要地面覆盖物分布如图 1-27 所示。库区面积约 84km^2，涉及淹没的树林、草本植被等地面覆盖物约 63km^2。水库及其附近区域无自然保护区，距离最近的野生生物类保护区约 50km，如图 1-28 所示。

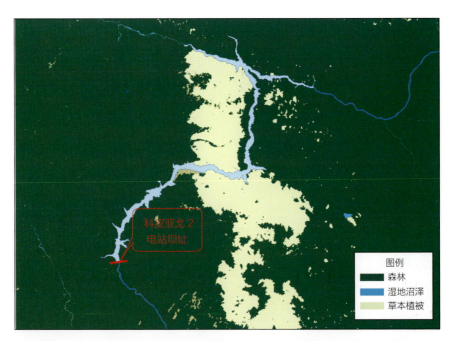

图 1-27　科皮亚戈 2 级水电站库区主要地面覆盖物分布情况示意图

图 1-28　科皮亚戈 2 级水电站周边主要保护区分布示意图

坝址东北约 45km 处有科罗巴—科皮亚戈县，库区范围内人烟稀少，人口密度约为 10 人 /km²，估算淹没影响人口约 600 人。

科皮亚戈 2 级水电站坝址及库区主要岩层分布如图 1-29 所示，周边范围内混合沉积岩和碳酸盐沉积岩主要发育，区域构造稳定性好。坝址及库区地质条件较好，推测基础整体承载力及变形满足要求，局部软弱岩体经过适当的基础处理后可作为大坝的建基面，初拟采用坝后式厂房建基于基岩。

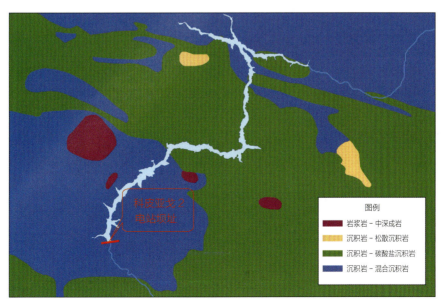

图 1-29　科皮亚戈 2 级水电站周边主要岩层分布示意图

2. 工程设想与投资估算

科皮亚戈 2 级电站利用拉盖普河与奥姆河汇合处以下较为宽阔的河谷区域作为库区，设置大型调节性水库。水电站正常蓄水位为 550m，坝顶高程为 552m，拦河大坝坝轴线总长 850m，坝址水面高程 240m，总库容 62 亿 m³。水电站枢纽主要建筑物由混凝土重力坝和坝后式厂房组成，采用坝身泄洪，为便于下泄洪水归槽，溢流坝段布置于主河道，厂房布置于地形相对较缓的右岸。

科皮亚戈 2 级电站发电水头 305m，发电引用流量 1284m³/s，采用 14 台机组，单机容量 250MW，单机引用流量 92m³/s，初步拟定电站总装机容量 3500MW。工程三维效果如图 1-30 所示。

经测算，科皮亚戈 2 级电站年发电量 16.47TWh，估算总投资约 66 亿美元，其中机电设备投资约 22 亿美元。参照大洋洲水电工程建设工期、财务参数（具体可参见报告 1.1.3 节有关内容），结合项目技术指标，测算其综合度电成本 4.38 美分 / kWh，项目经济性较好。

图 1-30　科皮亚戈 2 级水电站工程三维效果示意图

1.3.5　克鲁萨河干流基地

克鲁萨（Clutha）河是新西兰南岛最长的河流，其名称取自苏格兰的克莱德河（Clyde River）——克鲁萨是克莱德的盖尔语发音。克鲁萨河发源于南阿尔卑斯山（Southern Alps），上游接纳瓦纳卡湖（Wakana）、哈威亚湖（Hawea）、瓦卡蒂普湖（Wakatipu）及诸多支流后向南流出山区，于因奇克鲁萨（Inch Clutha）注入太平洋。根据数字平台测算，克鲁萨河流域集雨面积 41475km^2，全长约 387km，落差 1082m，河道平均比降约 0.280%。

1.3.5.1　重点河段分析

克鲁萨河干流上游艾斯派林山国家公园（Mount Aspiring National Park）—克莱德镇（Clyde）河段长约 178km，落差 897m，河道平均比降约 0.504%。这一河段主要流经山间峡谷，落差较为集中。新西兰于 1992 年在克伦威尔（Cromwell）峡谷下游端的克莱德镇附近建成克莱德水电站，用于发电和灌溉，装机容量 432MW。

中游克莱德—劳伦斯市（Lawrence）附近河段长约 122km，落差 124m，河道平均比降约 0.102%。河段两岸地形以低矮丘陵为主，河谷较为宽阔，由于河段水量增大，水能资源较为丰富。新西兰于 20 世纪中叶在罗克斯堡（Roxburgh）小镇附近建成罗克斯堡大坝，第一座发电机组于 1956 年开始发电，形成的库区是热门的旅游景点。

下游劳伦斯市以下河段属平原地带，两岸多耕地和城镇分布，河段长约 69km，落差 40m，河道平均比降 0.058%。

克鲁萨河干流各河段理论蕴藏量见表 1-22 所示。克鲁萨河水能蕴藏量较丰富河段为上游艾斯派林山国家公园—克莱德河段和中游克莱德—劳伦斯河段，且均已部分开发，理论蕴藏量共计 8.66TWh/a，占克鲁萨河干流总蕴藏量的 86.6%。

表1-22　克鲁萨河干流分河段水能理论蕴藏量

TWh/a

序号	河段	理论蕴藏量
1	上游艾斯派林山国家公园—克莱德河段	3.46
2	中游克莱德—劳伦斯河段	5.20
3	下游劳伦斯以下河段	1.16
4	其余河段	0.18
合计		10.00

综上分析，报告重点研究克鲁萨河尚未开发且资源与开发条件较好的河段，主要为上游瓦纳卡湖至克莱德水电站库区河段和中游罗克斯堡大坝库区至劳伦斯河段，并充分考虑避让自然保护区、城镇和耕地。

1.3.5.2　梯级布置方案

在瓦纳卡湖至克莱德水电站库区之间的昆斯伯里镇（Queensberry）附近可布置一座坝式电站昆斯伯里，正常蓄水位250m，利用落差22m。

对于中游罗克斯堡大坝库区以下河段，可于埃特里克镇（Ettrick）附近设置埃特里克梯级，正常蓄水位103m，利用落差14m。埃特里克库区以下约10km的河段两岸主要为耕地和村庄，考虑避让，可于霍伊斯章克申镇（Raes Junction）以下设置两座首尾相接的电站霍伊斯章克申和龙阿赫里（Rongahere），正常蓄水位分别为70m和47m，利用落差分别为23m和16m。

综上分析，克鲁萨河4个待开发梯级共利用落差75m，总装机容量840MW，年发电量3769GWh。4个梯级的位置如图1-31所示，河段梯级纵剖面如图1-32所示，主要技术指标测算结果见表1-23。

图1-31 克鲁萨河干流河段梯级位置示意图

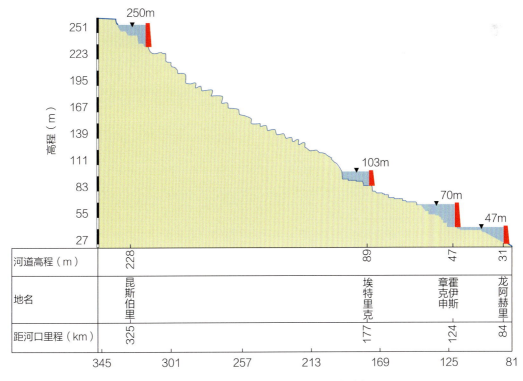

图1-32 克鲁萨河干流河段梯级纵剖面

表1-23　克鲁萨河干流研究河段梯级开发方案主要技术指标

项目		克鲁萨河干流研究河段			
		Queensberry	Ettrick	Raes Junction	Rongahere
		昆斯伯里	埃特里克	霍伊斯章克申	龙阿赫里
坝址控制流域面积（km²）		9249	32238	33477	34116
坝址多年平均流量（m³/s）		384.41	974.12	998.91	1011.60
开发方式		坝式	坝式	坝式	坝式
初估坝长（km）		0.46	0.29	0.25	0.81
正常蓄水位（m）		250	103	70	47
死水位（m）		247	100	67	44
坝址水面高程（m）		228	89	47	31
坝壅水高（m）		22	14	23	16
厂址水面高程（m）		228	89	47	31
利用落差（m）		22	14	23	16
正常蓄水位以下库容（万m³）		5936	5398	7390	9298
调节库容（万m³）		1532	1816	1918	2913
调节能力		日调节	日调节	日调节	日调节
发电引用流量（m³/s）		780	1840	1974	2117
引水线路（km）		—	—	—	—
装机容量（MW）		120	180	320	220
年发电量（GWh）	单独	532	837	1456	945
	联合	532	837	1456	945
枯期平均出力（MW）	单独	37.2	59.9	101.8	66.1
	联合	37.2	61.0	103.6	67.3
装机利用小时数	单独	4429	4651	4549	4296
	联合	4429	4651	4550	4296

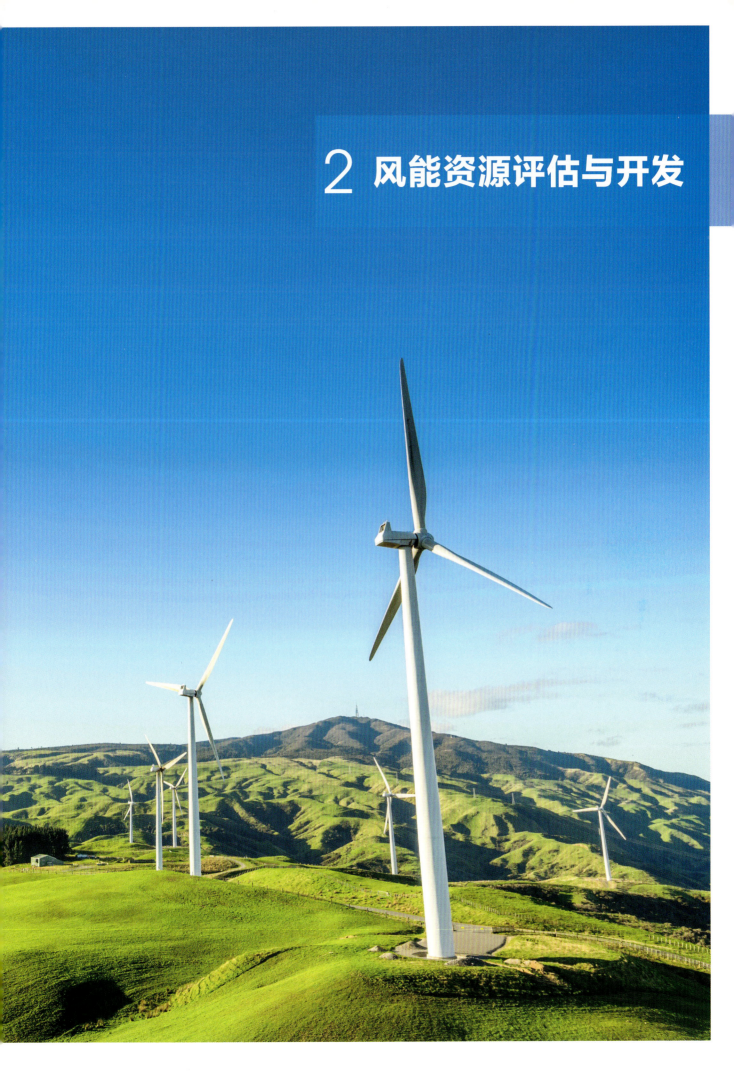

2 风能资源评估与开发

大洋洲风能资源丰富，开发潜力大。报告对大洋洲 9 个国家和地区进行了评估，测算得出大洋洲风能资源理论蕴藏总量可达 154.5PWh/a，适宜集中式开发的装机规模约 15554.4GW，主要集中在澳大利亚和新西兰等国家，年发电量 41.2PWh，现有风电装机不足技术可开发量的 1%。综合考虑资源特性和开发条件，采用数字化平台，开展了澳大利亚西澳州、新西兰惠灵顿等 5 个大型风电基地的选址方案研究，提出了主要技术和经济性指标，总装机规模 14.2GW。

2.1 方法与数据

风能是空气流动所产生的动能，是太阳能的一种转化形式。由于太阳辐射造成地球表面各部分受热不均匀，引起大气层中压力分布不平衡，在水平气压梯度作用下，空气沿水平方向运动形成风。风资源评估基础数据主要包括资源类数据、地理信息类数据以及人类活动和经济性资料等。

报告选用理论蕴藏量、技术可开发量和经济可开发量 3 个指标开展风能资源的评估测算。

2.1.1 资源评估方法

风能资源理论蕴藏量是指评估区域内一定高度上可利用风的总动能，单位为千瓦时。数字化评估风能资源理论蕴藏量，可将评估转化为计算每个格点面积与该格点对应风功率密度乘积的累加。

风电技术可开发量是指在评估年份技术水平下可以进行开发的装机容量总和，单位为千瓦。评估分析主要包括可用面积计算、装机面积计算、装机密度计算 3 个关键环节，分析流程如图 2-1 所示。

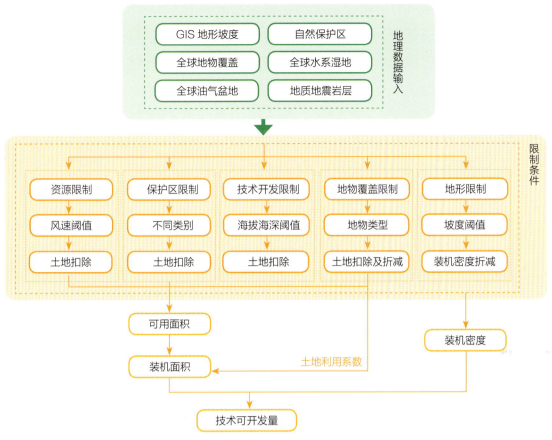

图 2-1　风电技术可开发量评估流程

技术可开发量评估的关键在于剔除因地形、海拔、土地利用及风速资源等限制而产生的不可利用面积。一方面，扣除选定区域内不宜开发的土地，得到风电开发可利用面积，结合不同地物类型设定土地利用系数，进而得到有效装机面积；另一方面，在典型风资源条件下，测算平坦地表单位面积的装机容量，结合目前不同地形坡度下风电工程实际情况，确定相应的装机密度影响因子，计算每个格点的有效装机面积与单位面积装机容量、装机密度影响因子的乘积并累加得到区域的风电技术可开发量。

根据风能资源禀赋，通常采用年均风速作为技术指标、结合当前技术条件下的风机发电出力特性进行机组选型，采用逐小时风速数据开展计算与统计，按照选定的风机功率曲线，考虑风机效率，切入、切出风速影响等因素，计算得到年发电量。

风能资源经济可开发量是指在评估年份技术水平下，开发风电的度电成本低于受电地区可承受电力价格的总装机容量，单位为千瓦。报告采用平准化度电成本法，建立了一种适用于清洁能源资源经济可开发量的计算模型，通过选定待评估地区、确定技术参数、确定成本参数、确定财务参数、确定政策参数、计算度电成本、经济性判断和结果计算 8 个主要流程实现风能资源经济可开发量评估，其基本框架如图 2-2 所示。将每个地理格点视为一个计算单元，计算每个格点的度电成本并与给出的综合参考电价进行对比，将具有经济性的格点容量按照地域面积进行累加，即可得到该区域的风电经济可开发量。

风能资源开发经济性分析中，基地的建设投资除设备成本、建设成本（不含场外道路）、运维成本等外，还需要重点计算并网成本和场外交通成本。

并网成本是指将开发的清洁能源发电资源接入电网所需新增建设电网设施的费用。一般清洁能源基地工程多建设在远离城镇等人口密集的地区，需要修建更长的并网工程，增加了开发投资成本。并网主要受格点风电接网与消纳方式影响，需要开展针对性测算。对于本地消纳的风电，其并网成本是风电厂到最近电网接入点的输电成本，与接入电压等级和距离有关，多采用交流输电方式，输电成本包括受端变电站和输电线路。对于需要远距离外送消纳的风电，其并网成本是风电厂到本地电力汇集站以及远距离外送工程的输电成本之和。外送工程多采用直流输电方式，输电距离不同，输电成本也不同，成本包括送受端换流站和直流线路成本。清洁能源并网成本测算构成如图 2-3 所示。不同规模、不同距离的电源并网需要采用不同输电方式和电压等级，相应的成本水平差异较大。本报告基于中国工程经验，提出了不同输电方式、电压等级的不同并网成本因子，结合待评估格点的最短并网距离，量化测算了并网条件对不同区域清洁能源资源开发成本的影响。

场外交通成本是指为开发清洁能源发电资源而新增建设从现有交通设施路网（包括公路、铁路等）到资源地的交通设施费用。本报告主要考虑公路交通设施。一般大型清洁能源发电基地与现有公路之间有一定距离，需要修建必要的场外引接公路才能满足工程建设需要，这部分增加的建设成本应计入资源的开发总成本。本报告采用了交通成本因子法，基于覆盖全球的公路路网数据，计算待开发格点到最近外部运输道路的长度，即最短公路运距，综合山地、平原等不同地形条件下场外运输道路的平均单位里程成本，可以量化测算场外交通对开发成本的影响。

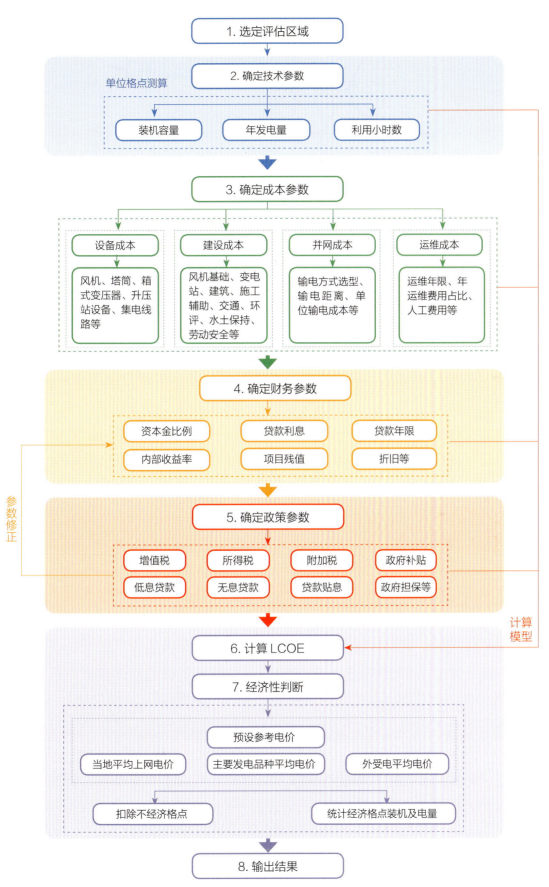

图 2-2　基于平准化度电成本的经济可开发量评估流程

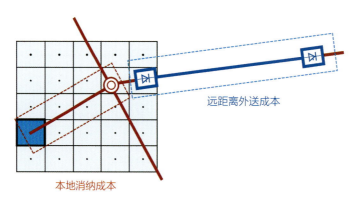

远距离外送成本

本地消纳成本

图 2-3　风电开发并网成本构成示意图

2.1.2　宏观选址方法

风电场选址研究应贯彻资源保护、统一规划、综合利用、科学开发的原则。开展风电场规划选址时，需充分了解区域内风能资源状况，掌握风速、风向、风能密度等风能资源的时间与空间分布，初步确定适宜建站的资源富集地区。然后再详细考虑限制性因素，陆上风电场选址应规避森林、耕地、城市等不适宜集中式风电开发的地面覆盖物、保护区、地震高发区等，海上风电场选址应规避港口、航线、保护区、深海等，选取没有或较少限制性因素、工程建设条件好的区域进行基地开发。

风电场的数字化宏观选址流程如图 2-4 所示，基于覆盖全球范围基础数据，其关键流程包括资源储量计算、开发条件分析、数字化选址、设备排布、发电量估算、投资估算等。对于风电场选址，首先分析拟开发区域的风能资源情况，在了解平均风速、风速年变化、风功率密度、风向和风能玫瑰图等资源特性基础上，基于地理信息技术的规划方法，以风能资源数据和地理数据为基础，综合考虑土地利用性质、保护区、工程地质等限制性因素，利用空间分析工具，筛选适宜的开发用地。随后根据平原、山地不同的用地类型进行技术可开发量评估，并开展风机自动排布，根据风机排布结果，计算电场装机容量、发电量、年利用小时数、出力特性等技术参数。结合初选场址的并网条件、外部交通条件开展经济性测算分析，获得经济可开发量评估、匡算投资以及平均度电成本。

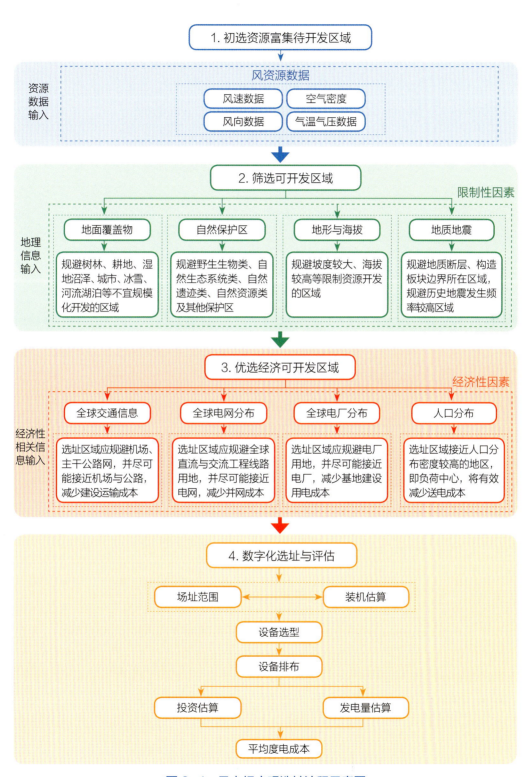

图 2-4　风电场宏观选址流程示意图

2.1.3 基础数据与参数

2.1.3.1 基础数据

为实现数字化风能资源评估，报告建立了资源类、地理信息类、人类活动和经济性资料 3 类 16 项覆盖全球范围的资源评估基础数据库。

其中，资源类数据主要包括全球中尺度风资源数据，包含风速、风向、空气密度、温度等，采用了 Vortex 计算生产的全球风能气象资源数据[1]，时间分辨率为典型年的逐小时数据，空间分辨率为 9km×9km，其他的关键基础数据见表 2-1。

表 2-1　全球风能资源和地理信息基础数据

序号	数据名称	空间分辨率	数据类型
1	全球中尺度风资源数据	9km×9km	栅格数据
2	全球地面覆盖物分类信息	30m×30m	栅格数据
3	全球主要保护区分布	—	矢量数据
4	全球主要水库分布	—	矢量数据
5	全球湖泊和湿地分布	1km×1km	栅格数据
6	全球主要断层分布	—	矢量数据
7	全球板块边界分布 空间范围：南纬 66°—北纬 87°	—	矢量数据
8	全球历史地震频度分布	5km×5km	栅格数据
9	全球主要岩层分布	—	矢量数据
10	全球地形卫星图片	0.5m×0.5m	栅格数据
11	全球地理高程数据 空间范围：南纬 83°—北纬 83° 间陆地	30m×30m	栅格数据
12	全球海洋边界数据	—	矢量数据
13	全球人口分布	900m×900m	栅格数据
14	全球交通基础设施分布	—	矢量数据
15	全球电网地理接线图	—	矢量数据
16	全球电厂信息及地理分布	—	矢量数据

注：2～16 项数据同表 1-1。

---

[1] 资料来源：Vortex ERA5 downscaling：validation results，2017 November.
Vortex System Technical Description，2017 January.

2.1.3.2　计算参数

报告重点关注并评估大洋洲范围内适宜集中式开发的风能资源，将低风速区域、保护区、森林、耕地、城市和深海、远海等区域作为不适宜集中式开发的区域排除在外；同时，报告结合部分大洋洲国家的实际情况，评估了合理利用森林、耕地等区域进行分散式风电开发的资源潜力。

2.1　方法与数据

专栏 2-1　　　　　　　**风电的集中式和分散式开发**

在风资源条件好、人口密度低、地面粗糙度小的地区，大面积连片开发风电资源，集中接入电网，工程的建设、运维集约化、效率高可以显著减低工程投资，获得大规模清洁电力，有利于加快能源清洁转型。作为大型电力基础设施，集中开发的大型风电场建设要求高，对土地资源利用有较严格的要求，不能占用各类自然保护区、文物和风景名胜区、林地和耕地等，一般选址在草原和荒漠，或风资源条件优越的山地，开发场景如专栏 2-1 图 1 所示。中国从 2005 年开始，采用大规模集中开发方式在北部、西北部风资源富集地区加速风电开发，并快速建立和完善了风电设计、制造、建设和运维产业链，风电成本快速下降。

专栏 2-1 图 1　集中式风电开发场景

分散式风电，一般位于用电负荷附近，利用工业园区的开阔地带，或者利用耕地、山地、林地等特殊微地形条件产生的散落分布的低风速资源。分散式风电不以大规模、远距离输送电力为目的，产生的清洁电力就近接入当地电网消纳，开发场景如专栏2-1图2所示。准确、高效的资源评估是分散式风电开发的基本要求，照搬集中式风电场的评估办法成本高昂，建立测风塔耗时长。经过多年实践，中国分散式风电开发已经基本形成一套集成中尺度数值模拟、小尺度数值模式计算、邻近区域测风塔数据或激光测风雷达数据校核的系统性方法。2015年，中国开始采取"集中"和"分散"并举的策略❶，因地制宜开发中东部地区的低风速风电资源，预计到2020年底装机规模将超过20GW。

专栏2-1图2　分散式风电开发场景

---

❶ 资料来源：2016年11月国家发展改革委、国家能源局下发《电力发展"十三五"规划》。

1.　技术指标测算参数

结合工程建设实践，一般认为年均风速低于 5m/s 的地区，资源开发效率较低、经济性较差，不宜进行集中式风电开发。海拔超过 4000m 的高原，一方面空气稀薄，风功率密度下降，同时多有冰川分布，建设难度大，严重影响自然环境；海深超过 150m 的海域，需要采用漂浮式风电基础，离岸超过 200 海里的远海区域，开发的风电电力需要长距离的海底电力电缆输电，在目前技术水平下开发难度大、经济性差，不推荐进行集中式开发。野生生物、自然环境、风景名胜等各类保护区，森林、耕地、湿地沼泽、城市、冰雪等地面覆盖物类型的区域不宜集中式开发。对于适宜集中式开发的灌丛、草本植被以及裸露地表 3 种区域类型，结合风力发电技术特点以及当前设备水平，分别设置了土地利用系数。不同地形坡度将显著影响单位土地面积上的装机能力，报告对 0°~30° 不同坡度条件，设定了坡度利用系数。具体技术指标和参数见表 2-2，按此推荐参数计算得到的结果是评估范围内适宜集中开发的风电技术可装机规模称为"技术可开发量"。

表 2-2　全球风能资源评估模型采用的主要技术指标和参数

类型	限制因素	阈值	参数（%）
资源限制	风速	>5m/s	—
技术开发限制	陆地海拔	<4000m	—
	近海海深	<150m	—
保护区限制	自然生态系统	不宜开发	0
	野生生物类	不宜开发	0
	自然遗迹类	不宜开发	0
	自然资源类	不宜开发	0
	其他保护区	不宜开发	0
地面覆盖物限制	森林	不宜开发	0
	耕地	不宜开发	0
	湿地沼泽	不宜开发	0
	城市	不宜开发	0
	冰雪	不宜开发	0
	灌丛	适宜开发	80
	草本植被	适宜开发	80
	裸露地表	适宜开发	100

续表

类型	限制因素	阈值	参数（%）
地形坡度限制	0°~1.7°	适宜开发	100
	1.8°~3.4°	适宜开发	50
	3.5°~16.7°	适宜开发	30
	16.8°~30°	适宜开发	15
	>30°	不宜开发	0

2. 经济指标测算参数

研究采用平准化度电成本法建立了一种适用于风能资源经济可开发量的计算模型。为了对未来规划水平年的基地投资水平与开发经济性进行评估，研究综合多元线性回归预测法与基于深度自学习神经元网络算法的关联度分析预测法，建立了风电开发投资水平预测模型。结合大洋洲发展水平以及风电技术装备、非技术类投资成本的预测结果，提出了 2035 年大洋洲风电综合初始投资的组成及其推荐取值，主要包含设备及安装、建筑工程和其他费用 3 个类别，见表 2-3。报告给出了主要的财务参数、场外交通成本、并网成本参数等推荐取值，见表 2-4～表 2-6。场外交通成本按照中国工程经验，综合山地、平原、一级公路建设费用水平进行测算，并网成本参照中国超高压交流、直流输电工程造价水平进行测算。

表 2-3　大洋洲 2035 年陆地和海上风电开发初始投资组成与推荐取值

美元 /kW

序号	投资组成	陆地风电总造价	海上风电总造价
1	设备及安装	649~696	872~935
1.1	设备费	616~660	761~816
1.2	安装费	33~36	111~119
2	建筑工程	188~202	572~613
3	其他	55~59	65~69
总计		892~957	1509~1617

表 2-4　大洋洲 2035 年陆地和海上风电经济性计算的财务参数推荐取值

序号	指标	陆地风电参数	海上风电参数
1	贷款年限	7 年	7 年
2	贷款比例	70%	70%
3	贷款利率	3%	3%
4	贴现率	2%	2%
5	建设年限	1 年	1 年
6	运行年限	20 年	20 年
7	残值比例	0%	0%
8	运维占比	3.6%	7.8%
9	场外交通	800 美元 /km	—

表 2-5　大洋洲 2035 年陆地风电开发并网经济性参数推荐取值

交流输电		
电压等级（kV）	输电距离（km）	单位输电成本[美元/（km·kW）]
1000	500	0.28
745~765（750）	400	0.34
500	300	0.39
380~400（400）	220	0.59
300~330	200	0.65
220	150	1.06
110~161（110）	100	1.37
直流输电		
电压等级（kV）	输电距离（km）	单位输电成本[美元/（km·kW）]
±800	1500~3000	0.15

表 2-6　大洋洲 2035 年海上风电开发并网经济性参数推荐取值

海上交流输电		
电压等级（kV）	输电距离（km）	单位输电成本[美元/（km·kW）]
220	150	3.33
海上直流输电		
电压等级（kV）	输电距离（km）	单位输电成本[美元/（km·kW）]
±320	150~400	1.26

2.2 资源评估

风速、地面覆盖物、保护区分布影响区域集中开发利用风能的可行性，公路、电网等基础设施条件影响区域风能开发的经济性水平。本报告基于覆盖大洋洲的数据、信息，采用统一指标和参数完成了大洋洲风能资源评估研究。

2.2.1 风速分布

本报告采用 Vortex 公司生产得到的风资源数据开展资源评估测算，资源数据包括风速、风向、空气密度和温度等。大洋洲蕴藏着巨大的风能开发潜力，风速分布如图 2-5 所示。澳大利亚和新西兰等国的风资源条件优异，部分地区年平均风速在 6m/s 以上，利于开发大型风电基地。

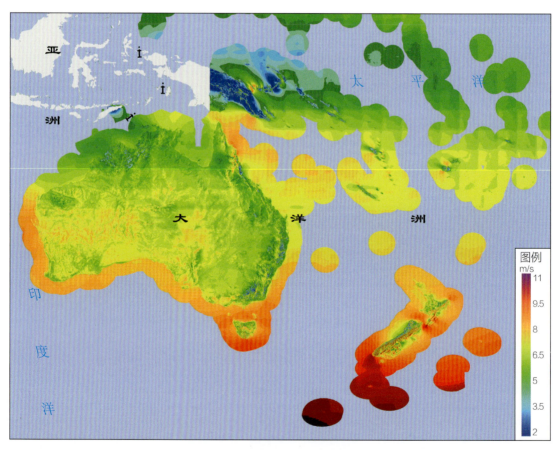

图 2-5　大洋洲风速分布示意图

专栏 2-2　　　　　　　**全球风资源中尺度数值模拟**

　　地球大气系统是一个极其复杂的非线性系统，其动力、热力过程可以通过偏微分方程组描述，但是方程组的复杂性导致难以获得解析解。随着大气探测技术、通信技术和计算机技术的不断发展，借助现代高性能计算集群可以实现大规模数值模拟计算，并成为最高效的风资源气象数据获取手段。影响风机发电的天气与气候现象具有中尺度特性，所以一般使用中尺度模式开展模拟计算，并对原始方程模式进行必要简化以有效节省时间及计算成本。天气研究与预测模型 WRF（Weather Research & Forecasting Model）作为中尺度气象模式的典型代表，能够有效捕捉大、中尺度环流过程，适合宏观区域风能资源普查研究，也广泛应用于大气研究和气象预报领域。西班牙 Vortex 公司采用了中尺度 WRF 模型，通过嵌套模拟链实现了从数百米到数百千米多种空间尺度的覆盖。模型采用了多种覆盖全球范围的地球物理和气象数据库。Vortex 公司把再分析生产的风速数据与全球超过 400 个站点的实测风速数据集进行了对比分析和检测校核。报告采用的是 Vortex 公司生产的全球范围 9km 分辨率，50、100、150m 三个高程的风资源图谱及逐小时时间序列数据，该数据也是世界银行 World Bank Wind Atlas 平台的基础数据之一，在全球获得广泛应用。

2.2.2　地面覆盖物

　　从适宜大规模集中开发的土地资源角度分析，森林、耕地、湿地水体、城市和冰川是影响风电资源集中开发的主要地表覆盖物限制性因素。大洋洲的大陆和岛屿分布广泛，大部分处在南、北纬30°之间，绝大部分地区属于热带和亚热带，全年平均气温在25~28℃之间。大洋洲南北回归线之间的陆地面积约占总面积60%，其中热带海洋气候地区、亚热带湿润气候区和温带海洋性气候区植被种类丰富，地面覆盖物以森林和草本植被为主；受海洋性气候影响，土地肥沃，降水适宜，适宜耕种和畜牧业发展，澳大利亚东南和西南沿海地区农牧业发达，被称为"骑在羊背上的国家"。大洋洲5种主要限制风电集中开发的地面覆盖物分布如图 2-6 所示。

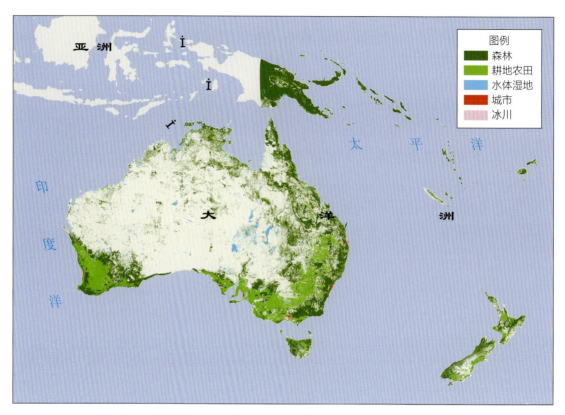

图 2-6　大洋洲洲森林、耕地、水体湿地、城市和冰川分布情况示意图

2.2.3　保护区分布

　　保护区是影响风电资源开发土地性质的限制性因素，一般情况下，大型风电基地的选址开发应规避所有类型的保护区。澳大利亚中部大部分地区属于热带干旱、半干旱气候区，分布着众多自然生态系统类和自然资源类保护区，全洲保护区总面积高达 164.7 万 km^2。大洋洲主要保护区分布如图 2-7 所示。

2.2.4　交通设施

　　风能资源富集地区的交通设施发达程度越高、公路干网等分布越广泛，将极大改善大型风电基地的开发建设条件，利于工程设备与材料的进场运输，降低基地开发成本。开展风电资源开发经济性的研究，需要结合交通设施的分布情况进行综合分析和测算。大洋洲主干公路和铁路分布如图 2-8 所示。

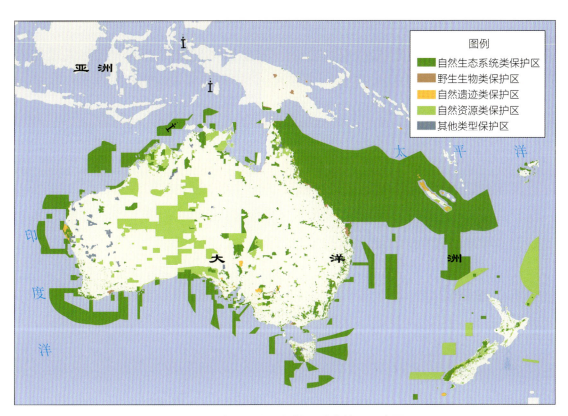

图 2-7   大洋洲主要保护区分布情况示意图

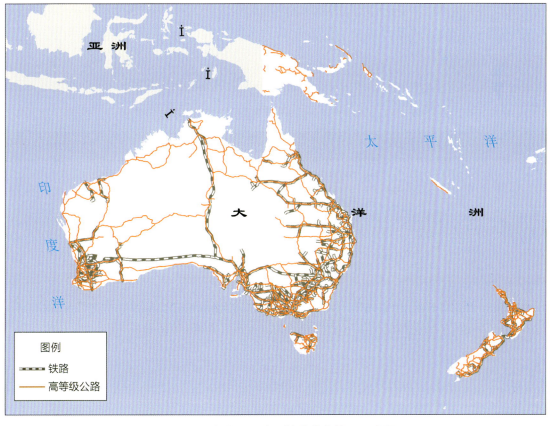

图 2-8   大洋洲公路和铁路分布情况示意图

公路方面，基于全球基础信息数据库统计，大洋洲高等级公路的总里程约 8 万 km，公路总里程超过 60 万 km，基本遍布大洋洲全境。具体来看，大洋洲澳大利亚中部，鲜有公路穿越，多数地区距离最近的高等级公路距离超过 200km；澳大利亚西南沿海及东部沿海地区、新西兰北岛及南岛东部沿海地区公路密布，其余国家公路交通设施较少。

铁路方面，基于全球基础信息数据库统计，大洋洲铁路里程总计约 5 万 km，主要分布澳大利亚中部、南部以及东部沿海地区，新西兰北岛和南岛东部沿海地区。总体来看，大洋洲铁路里程短，发展空间较大。

2.2.5　电网设施

电网基础设施条件越好，大型风电基地的并网成本越小，越有利于开展集中式风电开发。大洋洲风能资源开发经济性的评估考虑了并网条件的影响，在平准化度电成本中增加了并网成本内容。

根据数据统计，大洋洲电网线路总长度约 9.1 万 km，其中 300kV 以上的交流线路长度超过 14861km，直流输电线路较少，大洋洲不同电压等级的交流电网线路情况统计见表 2-7。

表 2-7　大洋洲不同电压等级的交流线路建设情况

序号	电压等级（kV）	线路长度（km）
1	380~500	4191
2	300~330	10670
3	220~275	30597
4	110~161 及以下	45816
总计	—	91274

专栏 2-3 　　　　　　大洋洲电网设施现状

大洋洲整体电力普及率高，各国差异电力发展水平差异较大。

一是电力消费方面。大洋洲电力消费水平总体较高，发展不均衡。2017年，大洋洲总用电量约2790亿kWh，占全球用电总量的1.2%，其中，澳大利亚和新西兰分别占84%和14%。电力普及率总体较高，地区发展水平差异较大。澳大利亚、新西兰、斐济等国的电力普及率达到100%，巴布亚新几内亚、瓦努阿图等国电力普及率较低，约30%。大洋洲人均用电量6940kWh，约为世界平均水平的2.3倍。澳大利亚、新西兰人均用电量分别达到9510kWh和8250kWh，巴布亚新几内亚等太平洋岛国平均年人均用电量约550kWh。

二是电源方面。电源装机以火电为主，清洁能源装机占比不断提升。2017年，大洋洲电源总装机容量76970MW，煤电占比高达40%，水、风、光等清洁能源发展较快，装机占比约35%。人均装机容量1.9kW，约为世界平均水平的2.4倍。澳大利亚、新西兰、巴布亚新几内亚3国电源装机占比分别为85%、12%和1%，清洁能源装机占比分别为28%、77%和33%，人均用电装机容量分别为2.7、2kW和0.12kW。2017年，大洋洲清洁能源发电量770亿kWh，占比25%。

三是电网方面。澳大利亚、新西兰电网基础条件较好，其他国家尚未形成覆盖全国的输电网，各国发展水平差异大。澳大利亚除了北领地外，东部和西部建成了330/275kV交流同步电网，新南威尔士和维多利亚州新建成了500kV主网架。新南威尔士州和维多利亚州实现了330kV交流联网，维多利亚州和南澳大利亚州实现了275kV交流联网，昆士兰州与新南威尔士州实现了330kV交流联网，塔斯马尼亚州和维多利亚州实现了±400kV直流联网。新西兰北岛和南岛分别建成了220kV交流主网架，北岛建成了哈卡马鲁—奥塔胡的400kV交流输电通道。新西兰还建成了连接南北岛的本莫尔—海沃德±350kV直流工程。巴布亚新几内亚和斐济输电网最高电压等级为132kV，电网以66/33kV为主网架。所罗门群岛、瓦努阿图等国仅在局部地区建设了6.6~13.8kV中低压配电网和小型微网。

大洋洲电网 110kV 及以上基础设施热力分布情况如图 2-9 所示。总体上，大洋洲电网基础设施薄弱，澳大利亚中部以及所罗门群岛、瓦努阿图等岛国没有高压电网覆盖。上述区域在 300km 以内没有高压电网（图 2-9 中的灰色区域），有高压电网的区域输电电压等级相对其他大洲较低，大型风电基地开发的并网条件相对较差，多数风电资源只能就近汇集后远距离外送消纳，需要建设新的大容量、远距离输电通道，对于多数岛国，需要建设直流输电线路实现互联。

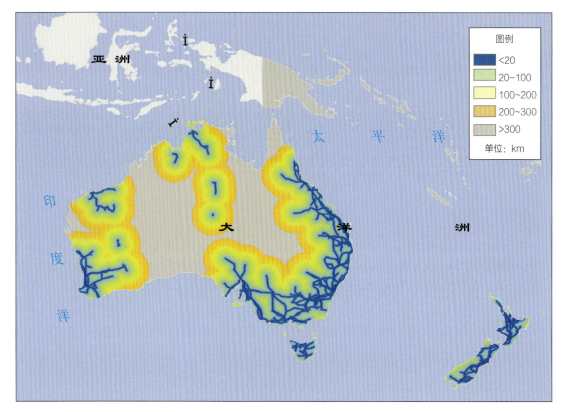

图 2-9　大洋洲电网设施热力分布示意

2.2.6　评估结果

1. 理论蕴藏量评估

根据 100m 高度的风速数据测算，大洋洲风能资源理论蕴藏量 154.5PWh/a，占全球总量的 7.7%。从分布上看，大洋洲西南部的澳大利亚和南部的新西兰理论蕴藏量较高。

2. 技术可开发量评估

综合考虑资源和各类技术限制条件后，经评估测算，大洋洲适宜集中开发的风电规模约 15554.4GW，年发电量约 41.2PWh/a。

从分布上看，大洋洲技术可开发的风能资源主要集中在澳大利亚中西部地区，以及新西兰东部沿海地区，占全洲总量的 99% 以上。上述地区海拔基本在1000m 以下，主要是草木植被和少量裸露地表，除澳大利亚和新西兰境内的保护区以及耕地之外，绝大部分地区适合建设大型风电基地。

单位国土面积的装机容量及其年发电量是表征一个区域风电技术可开发资源条件的重要指标，但是装机容量受地形坡度影响较大，相比而言，采用年发电量与装机容量的比值，即装机利用小时数（容量因子，Capacity Factor）更能够反映区域风电资源技术开发条件的优劣。大洋洲风电技术可开发区域及其利用小时分布如图 2-10 所示。

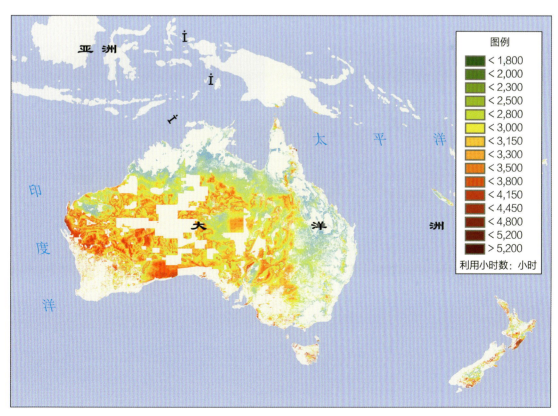

图 2-10　大洋洲风电技术可开发区域及其利用小时分布示意图

从技术指标来看，全洲风电技术可开发装机的平均利用小时约 2650 小时（平均容量因子约 0.3），其中澳大利亚西部、新西兰北岛南部和南岛东部沿海地区，风电利用小时 3500~4500，开发条件优越，最大值出现在新西兰北岛的惠灵顿（Wellington）附近，超过 5000 小时。

3. 开发成本评估

按照陆上风电技术装备 2035 年造价水平预测结果测算，综合考虑交通和电网基础设施条件，大洋洲集中式风电的平均开发成本[1]为 5.26 美分，大洋洲各国集中式风电的开发成本在 3.45~7.30 美分之间。按照当前全球约 8 美分的平均电价水平评估[2]，大洋洲近乎全部的技术可开发装机均满足经济性要求，按照全球 5 美分风电平均开发成本评估，大洋洲 2035 年造价水平下的风电经济可开发规模约 5.2TW，技术可开发量占比约 34%。大洋洲风电资源开发成本分布如图 2-11 所示。

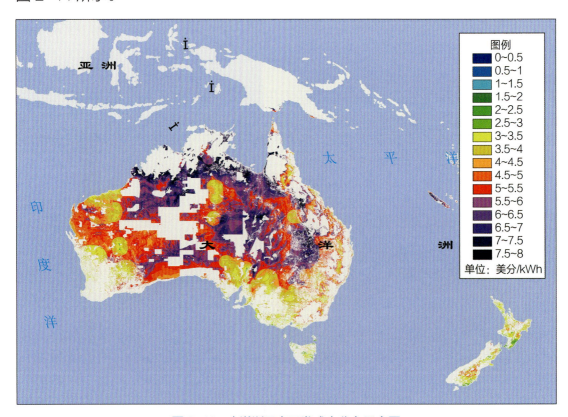

图 2-11　大洋洲风电开发成本分布示意图

---

[1] 大洋洲集中式风电的平均开发成本为洲内各国家平均开发成本及其年发电量的加权平均值。

[2] 资料来源：可再生能源发电价格参考国际可再生能源署（IRENA）的报告:《RENEWABLE POWER GENERATION COSTS IN 2018》，燃气、燃煤和核电价格参考国际能源署（IEA）的报告:《Projected Costs of Generating Electricity》。

　　从大洋洲风电开发的国别经济性指标来看，资源条件优异，同时交通、电网基础设施条件相对较好的国家和地区风电开发成本低，经济性更好。整体而言，大洋洲可开发的风电资源，绝大部分经济性较好，但9个国家和地区风电开发的最高度电成本均存在高于8美分的情况，标志着这些国家存在因成本而限制开发的区域。从最经济的开发区域来看，澳大利亚和新西兰风电的最低开发成本低于2.5美分，开发经济性好，其中开发成本最低的出现在新西兰北岛的惠林顿（Wellington）东南部，为2.00美分。从平均水平来看，新西兰的全国平均度电成本最低，为3.45美分，成本范围为2.00~6.27美分。

专栏 2-4　　　　　　　　　　**澳大利亚的风能资源**

　　澳大利亚是大洋洲国土面积最大的国家，国土总面积约769万km^2。根据数据测算，境内最高海拔高度2187m，最大地形坡度50.7°。

　　澳大利亚风能资源较好，距地面100m高度全年风速范围为3.0~12.9m/s，全国平均风速6.2m/s。全年风速大于6m/s的区域主要分布在西部、南部及中部地区，北部及东部部分地区年平均风速均低于3.5m/s，资源相对较差。

1. 主要限制性因素

　　澳大利亚境内设有不同类型的保护区，包括自然生态系统类保护区43.71万km^2、自然资源类保护区98.66万km^2等，保护区总面积约154万km^2，见专栏2-4表1，以上区域均不宜进行风资源规模化开发。

专栏 2-4 表1　澳大利亚主要保护区面积测算结果

万 km^2

总面积	自然生态系统	野生生物	自然遗迹	自然资源	其他
154.00	43.71	1.38	2.59	98.66	7.66

　　澳大利亚地物覆盖类型以草木植被为主，面积457.37万km^2，占总陆地面积59.61%；森林覆盖面积143.55万km^2，占总陆地面积18.71%；灌丛面积77.55万km^2，占总陆地面积10.11%。澳大利亚主要地面覆盖

物分析结果见专栏 2-4 表 2。草本植被和灌丛适宜集中开发风电，按照确定的土地利用系数测算，澳大利亚可进行风能集中式开发的面积约 322.9 万 km²，占比 42.0%。

专栏 2-4 表 2　澳大利亚主要地面覆盖物分析结果

万 km²

国土总面积	河流面积	陆地面积								
		总计	森林	灌丛	草本植被	耕地	湿地沼泽	裸露地表	城市	冰雪
769.20	6.72	762.48	143.55	77.55	457.37	55.11	8.76	18.52	1.62	0

2. 评估结果

根据测算，澳大利亚陆地风能资源理论蕴藏量 143104.9TWh/a；集中式开发的技术可开发量 15390GW，年发电量 40773.7TWh，平均利用小时数 2649（容量因子约 0.30）。澳大利亚西南部地区风能装机条件好，部分平原地区的装机能力可以达到 5MW/km²，全国风电技术可开发量与开发成本分布如专栏 2-4 图 1 所示。

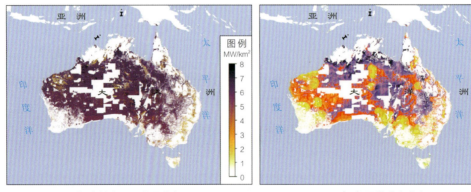

（a）技术可开发量分布　　　　　　　（b）开发成本分布

专栏 2-4 图 1　澳大利亚风电技术可开发量以及开发成本分布示意图

根据测算，澳大利亚陆地风电的平均开发成本为 5.07 美分 /kWh，其中开发条件最好的地区，开发成本低至 2.22 美分 /kWh。澳大利亚适合风电大规模经济开发的区域主要分布于西部和南部。

专栏 2-5　　　新西兰的风能资源

新西兰是大洋洲国土面积第二大的国家，国土总面积约 27.05 万 km^2。根据数据测算，境内最高海拔高度 3580m，最大地形坡度 79.1°。

新西兰风能资源较好，距地面 100m 高度全年风速范围为 3.82~12.37m/s，全国平均风速 6.66m/s，风速分布差异大。全年风速大于 6m/s 的区域主要分布在南部及东部地区，北部小部分地区年平均风速均低于 3.5m/s，资源相对较差。

1. 主要限制性因素

新西兰境内设有大量的保护区，包括自然生态系统类保护区 3.31 万 km^2、自然资源类保护区 4.89 万 km^2 等，保护区总面积 8.66 万 km^2，见专栏 2-5 表 1，以上区域均不宜进行风资源规模化开发。

专栏 2-5 表 1　新西兰主要保护区面积测算结果

万 km^2

总面积	自然生态系统	野生生物	自然遗迹	自然资源	其他
8.66	3.31	0.05	0.25	4.89	0.16

新西兰地表森林覆盖面积 10.34 万 km^2，占总陆地面积 38.3%；耕地面积 4.60 万 km^2，占总陆地面积 17.1%；裸露地表面积 1.85 万 km^2，占总陆地面积 6.8%。新西兰主要地面覆盖物分析结果见专栏 2-5 表 2。灌丛、草本植被和裸露地表适宜集中开发风电，按照确定的土地利用系数测算，新西兰可进行风能集中式开发的面积约 6.33 万 km^2，占比 23.8%。

专栏 2-5 表 2　新西兰主要地面覆盖物分析结果

万 km^2

国土总面积	河流面积	陆地面积								
		总计	森林	灌丛	草本植被	耕地	湿地沼泽	裸露地表	城市	冰雪
26.57	0.41	26.16	10.34	0.48	8.16	4.60	0.11	1.85	0.19	0.43

2. 评估结果

根据测算，新西兰陆地风能资源理论蕴藏量8738.2TWh/a；集中式开发的技术可开发量126.4GW，年发电量358.4TWh，平均利用小时数2836（容量因子约0.32）。新西兰北岛及南岛的东部地区风能开发条件好，北岛北部和东部平原部分地区的装机能力可以达到5MW/km²，全国风电技术可开发量以及开发成本分布如专栏2-5图1所示。

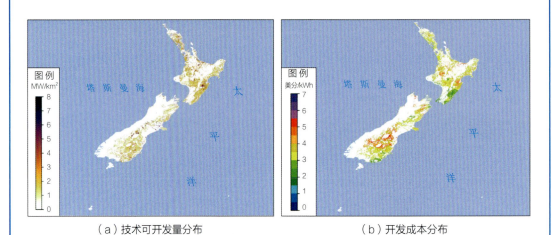

（a）技术可开发量分布   （b）开发成本分布

专栏2-5图1　新西兰风电技术可开发量以及开发成本分布示意图

根据测算，新西兰陆地风电的平均开发成本为3.18美分/kWh，其中开发条件最好的地区，开发成本低至1.86美分/kWh。新西兰适合风电大规模经济开发的区域主要分布于北岛的中部和南岛的西南部部分地区。

　　大洋洲 9 个国家和地区风能资源评估结果见表 2-8，包括理论蕴藏量、集中式开发规模以及按国别平均的开发成本。其中，技术可开发量的评估结果是按照本报告 2.1.3 给定的评估参数计算获得，是满足集中式开发条件区域的装机容量，并不包含低风速和部分可采用分散式开发的森林与耕地区域的风电装机规模。

　　具体来看，大洋洲图瓦卢等部分海岛国家风速低，森林覆盖率高，集中式风电开发条件差。

表 2-8　大洋洲 9 个国家和地区风能资源评估结果

序号	国家	理论蕴藏量 （TWh/a）	集中式 开发规模 （GW）	年发电量 （TWh/a）	可利用 小时数[1]	可利用面积 比例[2]（%）	平均 开发成本[3] （美分/kWh）
1	澳大利亚	143104.9	15390.2	40773.7	2649	42	5.27
2	巴布亚新几内亚	1499.9	14.4	36.0	2490	1	5.87
3	所罗门群岛	236.1	0.4	1.0	2594	1	6.48
4	新西兰	8787.7	126.6	359.6	2839	35	3.45
5	瑙鲁	9.0	0.1	0.3	2576	35	7.3
6	图瓦卢	0.4	0.0	0.0	0	0	–
7	瓦努阿图	256.6	2.5	6.9	2739	9	6.72
8	新喀里多尼亚（法）	335.2	14.6	33.8	2319	39	6.2
9	斐济	264.6	5.2	12.2	2361	12	7.22
10	其他国家和地区	27.5	0.4	0.8	2000	7	6.79
	总计	154521.9	15554.4	41224.3	2650	38.87	5.26

① 大洋洲风电利用小时数为洲内年总发电量与总技术可开发量的比值。

② 大洋洲风电可利用面积比例为洲内总可利用面积与全洲总面积的比值。

③ 大洋洲风电平均开发成本为洲内各国家平均开发成本及其年发电量的加权平均值。

2.3 风电基地开发

2.3.1 开发现状

从 2010 年起大洋洲风电装机开始较快增长，2018 年总装机规模达到 6560MW，大洋洲历年风电总装机容量如图 2-12（a）所示[1]。其中，澳大利亚和新西兰风电装机容量较大，分别为 5818MW 和 689MW，发电量分别为 21585GWh 和 1796GWh，见表 2-9[2]。大洋洲主要国家历年风电装机容量如图 2-12（b）所示，2010—2018 年，澳大利亚和新西兰风电装机容量增长较快，澳大利亚大型风电场 Macarthur Wind Farm，装机容量 420MW。新西兰大型风电场 West Wind，装机容量 142.6MW。

（a）大洋洲历年风电总装机容量　　（b）大洋洲主要国家历年风电装机容量

图 2-12　大洋洲风电装机容量

表 2-9　2018 年大洋洲主要国家风电开发情况

国家	风电装机容量（MW）	风电发电量（GWh）
澳大利亚	5818	21515
新西兰	689	1796

根据彭博社统计，2010—2018 年，大洋洲澳大利亚、新西兰等主要国家的风电年投资从 21 亿美元上升到 37 亿美元[3]。

---

[1] International Renewable Energy Agency. Renewable capacity statistics 2019[R]. Abu Dhabi: IRENA, 2019.

[2] 资料来源：彭博社. 全球装机和发电量统计 [EB/OL]，2020-02-24.

[3] 资料来源：彭博社. 全球投资统计 [EB/OL]，2020-07-13.

根据国际可再生能源署统计，2010—2018 年，大洋洲风电加权平均的初投资水平下降加快，从 3500 美元 /kW 降至 1600 美元 /kW。大洋洲风电加权平均的度电成本从 11.6 美分 /kWh 降至 5.7 美分 /kWh[1]。

2.3.2　基地布局

根据大洋洲风能资源评估结果，综合考虑资源特性和开发条件，大型风电基地宜在技术指标高、开发成本低的区域进行布局。综合当地用电需求，根据大洋洲能源互联网主要战略输电通道布局，未来在大洋洲开发澳大利亚西澳州、新南威尔士、塔斯马尼亚和新西兰奥塔戈、惠灵顿风电基地，2035 年的开发规模可达到 14.20GW。

报告基于数字化选址模型和软件，对上述 5 个风电基地的开发条件、装机规模、工程设想、发电特性和投资水平进行了研究，提出了初步开发方案。5 个风电基地的总装机规模约 14.20GW，年发电量 48.48TWh。根据远景规划，未来开发总规模有望超过 26.00GW。按照 2035 年大洋洲陆上和海上风电造价预测成果，基于项目基本情况进行投资估算，大洋洲风电基地总投资约 158.59 亿美元，度电成本为 2.93~5.61 美分 /kWh。大洋洲大型风电基地总体布局如图 2-13 所示。

---

[1] 资料来源：International Renewable Energy Agency. Renewable Power Cost in 2018[R]. Abu Dhabi: IRENA, 2019.

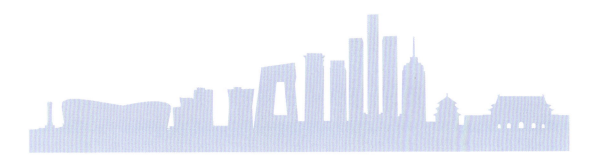

图 2-13　大洋洲大型风电基地布局示意图

2.3.3　基地概述

本报告提出的大洋洲 5 个重点风电基地选址的总体情况如下。

1.　澳大利亚西澳州（Western Australia）基地

基地位于澳大利亚西澳州西南部，年平均风速 7.39m/s，主导风向 E。基地占地面积 1016.51km²，海拔高程范围 395.5~521m，主要地形为平原和丘陵。基地选址避让了保护区，范围内有森林、草本植被和灌丛等影响因素，可装机土地利用率 78.9%。按照初步开发方案，基地装机规模 4.00GW，年发电量 13174GWh；项目总投资 41.16 亿美元，综合度电成本 3.19 美分 /kWh。

2.　澳大利亚新南威尔士（New Southwales）基地

基地位于澳大利亚新南威尔士州西部，年平均风速 7.21m/s，主导风向

SSE。基地占地面积 1924.36km^2，海拔高程范围 141~437m，主要地形为山地和丘陵。基地选址避让了保护区，范围内有森林、草本植被、灌丛、湿地沼泽、城市、陆地水体以及坡度等影响因素，可装机土地利用率 79.6%。按照初步开发方案，基地装机规模 6.00GW，年发电量 18673GWh；项目总投资59.31 亿美元，综合度电成本 3.24 美分 /kWh。

3. 澳大利亚塔斯马尼亚（Tasmania）基地

基地位于澳大利亚塔斯马尼亚岛北部的巴斯海峡，年平均风速 8.81m/s，主导风向 SW。基地占海面积 600.05km^2。海深小于 50m，离岸距离为10km。基地选址避让了自然保护区、主要航道等，可装机面积利用率 100%。按照初步开发方案，基地装机规模 3GW，年发电量 12577GWh；项目总投资46.50 亿美元，综合度电成本 5.61 美分 /kWh。

4. 新西兰奥塔戈（Otago）基地

基地位于新西兰奥塔戈省南部，年平均风速 7.73m/s，主导风向 W。基地占地面积 509.20km^2，海拔高程范围 78.5~667m，主要地形为山地。基地选址范围内有保护区、耕地、森林、草本植被、灌丛、城市、陆地水体、地形坡度等影响因素，可装机土地利用率 59.78%。按照初步开发方案，基地装机规模0.6GW，年发电量 2002GWh；项目总投资 5.74 亿美元，综合度电成本 2.93美分 /kWh。

5. 新西兰惠灵顿（Wellington）基地

基地位于新西兰惠灵顿区东部，年平均风速 7.96m/s，主导风向 NW。基地占地面积 429.76km^2，海拔高程范围 31.5~548m，主要地形为山地。基地选址范围内有耕地、森林、草本植被、陆地水体、地形坡度等影响因素，可装机土地利用率 69.63%。按照初步开发方案，基地装机规模 0.6GW，年发电量2046GWh；项目总投资 5.88 亿美元，综合度电成本 2.93 美分 /kWh。

各大型风电基地主要技术经济指标见表 2-10。

表 2-10 大洋洲主要大型风电基地技术经济指标

序号	基地名称	国家	占地面积 (km²)	主要地形	年均风速 (m/s)	装机规模 (MW)	年发电量 (GWh)	总投资 (亿美元)	度电成本 (美分/kWh)
1	西澳州	澳大利亚	1016.51	平原和丘陵	7.39	4000	13174	41.16	3.19
2	新南威尔士	澳大利亚	1924.36	山地和丘陵	7.21	6000	18673	59.31	3.24
3	塔斯马尼亚	澳大利亚	600.05	浅海	8.81	3000	12577	46.50	5.61
4	奥塔戈	新西兰	509.20	山地	7.73	600	2002	5.74	2.93
5	惠灵顿	新西兰	429.76	山地	7.96	600	2046	5.88	2.93
合计			—	—	—	14200	48472	158.59	—

2.3.4 基地选址研究

本报告给出了澳大利亚西澳州和新西兰惠灵顿 2 个风电基地选址研究的详细结果，可供项目开发研究参考。

2.3.4.1 澳大利亚西澳州风电基地

1. 主要开发条件分析

风资源条件。西澳州（Western Australia）风电基地位于西澳州西南部，距地面 100m 高度的全年平均风速范围 7.15~7.51m/s，综合平均风速 7.39m/s，区域主导风向 E，总体资源条件优越，适宜进行风能资源的规模化开发。风速图谱如图 2-14 所示。

地形地貌。区域地处西澳州西南部平原地区，北临奥斯汀湖（Lake Austin），西临盐湖（Lake Tyrell）。区域内的海拔高程范围 395.5~521m，最大坡度 3.1°，基本为平原和丘陵，可以开发大型风电基地。

主要限制性因素。西澳州风电基地占地总面积 1016.51km²，选址及其周边主要限制因素分布如图 2-15 所示。区域内地物覆盖类型主要为草本植被。区域内无自然保护区等限制性因素，选址主要避让东部 70km 处的自然保护区。交通设施方面，基地内有公路通过。电网方面，基地西南部 100km 处有 1 条单回线 220kV 交流输电通道，接入电网条件较好。电源方面，基地东部约 240km 处有一座 59MW 燃气电厂。

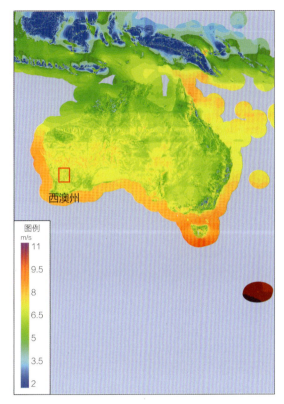

图 2-14　西澳州风电基地风速分布示意图

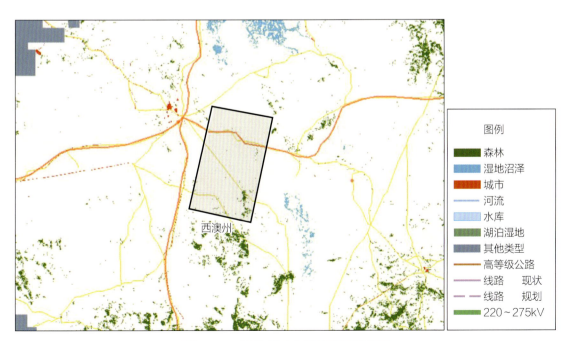

图 2-15　西澳州风电基地选址示意图

基地范围内变质岩、松散沉积岩和酸性深成岩主要发育。西部173km处接触断层分布，距离最近的存在历史地震记录的地区约184km，地质结构稳定。基地岩层分布及地震情况如图2-16所示。区域内无大型城镇等人类活动密集区，距离最近人口密集区域（3.5万人/km²）超过310km，距离基地最近的大型城市为珀斯（Perth）。

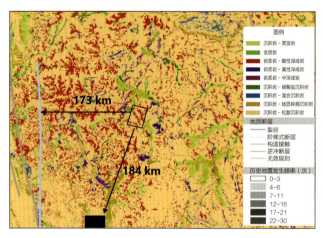

图2-16　西澳州风电基地岩层分布及地质情况示意图

2. 开发规模与资源特性

经测算，基地风能资源理论蕴藏总量为40848GWh/a，装机容量4.00GW，年发电量13174GWh，利用小时数3294。基地风能年发电量的地理区域分布如图2-17（a）所示；基地地形平坦，起伏较小，装机密度较高。基地8760逐小时出力系数热力分布如图2-17（b）所示，其横坐标代表24小时，纵坐标代表365天，反映了8760小时中风电出力随时间变化的规律。

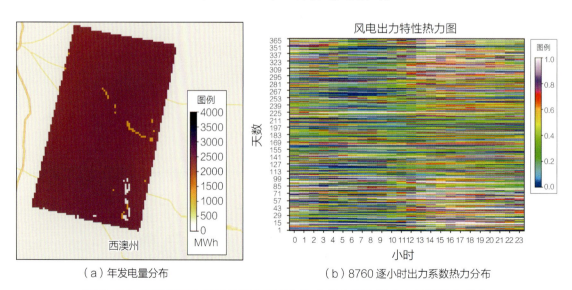

（a）年发电量分布　　　　　（b）8760逐小时出力系数热力分布

图2-17　西澳州风电基地年发电量分布和8760逐小时出力系数热力分布

选择代表点对基地发电特性进行分析。基地的风向玫瑰图和风速威布尔分布图如图2-18所示，风速和风功率的典型日变化和年变化曲线如图2-19所示，对应风能发电出力的典型日变化和年变化曲线如图 2-20 所示。从风频分布来看，主要风速分布集中在 6~9m/s。从日变化来看，大风时段主要集中在 15—18 点（世界标准时间，下同，折算到澳大利亚当地时间为 1—4 点），中风速时段从 19—23 点，小风时段主要集中在 5—8 点。从月度变化来看，10 月一次年 2 月风速大，发电能力强，6 月—9 月风速小，发电能力低。

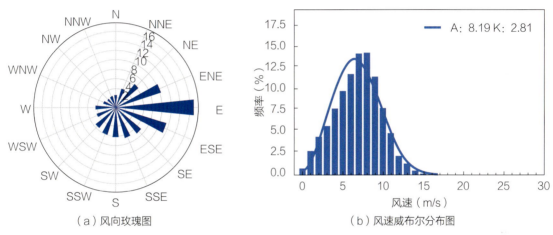

（a）风向玫瑰图　　　　　（b）风速威布尔分布图

图 2-18　西澳州风电基地风向玫瑰图和风速威布尔分布图

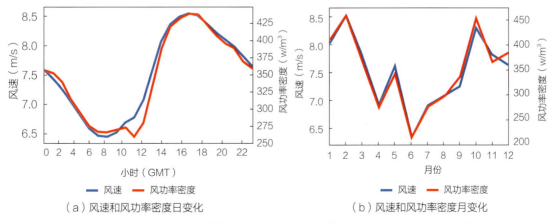

（a）风速和风功率密度日变化　　　　（b）风速和风功率密度月变化

图 2-19　西澳州风电基地风速和风功率密度的典型日变化和年变化曲线

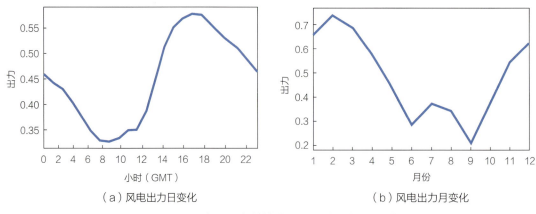

（a）风电出力日变化　　　　　　（b）风电出力月变化

图 2-20　西澳州风电基地典型日出力和年出力曲线

3. 工程设想与经济性分析

基地装机容量 4.00GW，暂按单机容量 3.0MW、叶轮直径 140m 的风机开展风机排布研究。综合考虑风向和地形等条件，并基于中国大型风电场设计经验及相关风机排布原则，采用风电基地宏观选址规划数字化方法，开展风机自动排布。风机排布采用不等间距、梅花型布机方式，即每 2 行（沿主风能方向）分别采用 7、10.5 倍叶轮直径不等间距布置，每 6 行设置一个 2.5km 风速恢复带；行内间距（垂直主风能方向）采用 3 倍叶轮直径。按此原则测算，基地内需布置风机 1334 台，典型区域布置效果如图 2-21 所示。

图 2-21　西澳州风电基地部分区域风机布置示意图

按照对陆上风电技术装备 2035 年经济性水平预测，综合考虑交通和电网基础设施条件，基地总投资估算 41.16 亿美元，其中并网及交通成本 4.78 亿美元。风电基地投资匡算见表 2-11。按此测算，基地开发后平均度电成本 3.09 美分 /kWh。基于 8% 内部收益率测算的上网电价 4.53 美分 /kWh。

表 2-11　西澳州风电基地投资匡算

编号	项目内容	西澳州风电基地
1	设备成本（亿美元）	26.46
2	建设成本（亿美元）	7.67
3	其他成本（亿美元）	2.25
4	并网及交通成本（亿美元）	4.78
5	单位千瓦投资（美元）	1029

2.3.4.2　新西兰惠灵顿风电基地

1. 主要开发条件分析

风资源条件。惠灵顿（Wellington）风电基地位于惠灵顿区（Wellington）东部，距地面 100m 高度的全年平均风速范围 7.04 ~9.14m/s，综合平均风速 7.96m/s，区域主导风向 NW，总体资源条件优越，适宜进行风能资源的规模化开发。地区 100m 高度年平均风速分布如图 2-22 所示。

图 2-22　惠灵顿风电基地风速分布示意图

地形地貌。区域地处新西兰惠林顿区山地地带，区域内海拔高程范围31.5~548m，最大坡度25.8°，地形为山地，可以开发大型山地风电基地。

主要限制性因素。基地占地总面积429.76km²，区域选址及其周边主要限制因素分布如图2-23所示。区域内地物覆盖类型主要为草木植被和森林。区域内无自然保护区等限制性因素，选址主要避让西部25km处的自然资源类保护区，西南部20km处的自然资源类保护区以及北部17km处的自然资源类保护区。交通设施方面，西部68km以及西南部62km处分别有Paraparaumu机场和Wellington机场。基地内有公路通过，交通便利。电网方面，基地西部65km有1条110kV交流输电通道，接入电网条件较好。基地西南部12km有一座7MW风电场。

图2-23　惠灵顿风电基地选址示意图

基地范围内混合沉积岩主要发育，西北部44km处接触断层分布，如图2-24所示。基地附近存在历史地震活动记录，开发风电基地时需要关注地质稳定性情况。区域内无大型城镇等人类活动密集区，距离最近人口密集区域（3.5万人/km²）超过5km，距离基地最近的大型城市为惠灵顿（Wellington City）。

图 2-24 惠灵顿风电基地岩层分布及地震情况示意图

2. 开发规模与资源特性

经测算，基地风能资源理论蕴藏总量为 20962GWh/a，装机容量 0.6GW，年发电量 2046GWh，利用小时数 3410。基地风能年发电量的地理区域分布如图 2-25（a）所示；基地地形起伏相对较大，装机密度低于平原地区。基地8760 逐小时出力系数热力分布如图 2-25（b）所示，其横坐标代表 24 小时，纵坐标代表 365 天，反映了 8760 小时中风电出力随时间变化的规律。

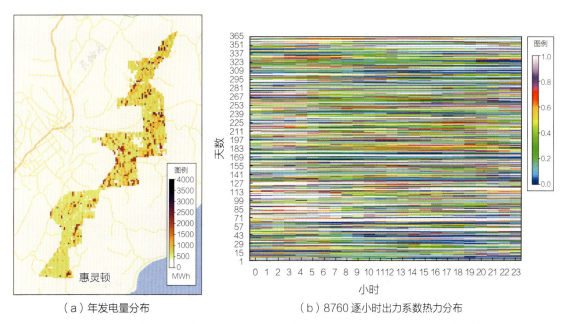

（a）年发电量分布　　　　　　　　（b）8760 逐小时出力系数热力分布

图 2-25 惠灵顿风电基地年发电量分布和 8760 逐小时出力系数热力分布

选择代表点对基地发电特性进行分析。惠灵顿风电基地的风向玫瑰图和风速威布尔分布图如图 2-26 所示，风速和风功率的典型日变化和年变化曲线如图 2-27 所示，对应风能发电出力的典型日变化和年变化曲线如图 2-28 所示。从基地代表点风频分布来看，主要风速分布集中在 5~8m/s。从日变化来看，大风时段主要集中在 0—4 点（世界标准时间，下同，折算到新西兰当地时间为 12—16 点），中风速时段从 5—6 点以及 20—23 点，小风时段主要集中在 9—13 点。从月度变化来看，全年 9 月—11 月风速大，发电能力强，11 月—次年 2 月风速小，发电能力低。

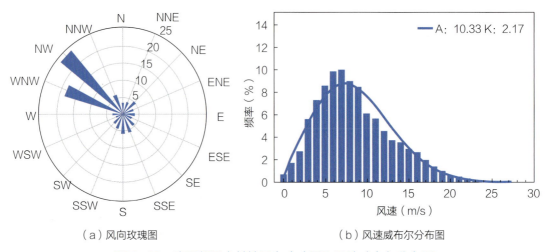

（a）风向玫瑰图　　　　　　（b）风速威布尔分布图

图 2-26　惠灵顿风电基地风向玫瑰图和风速威布尔分布图

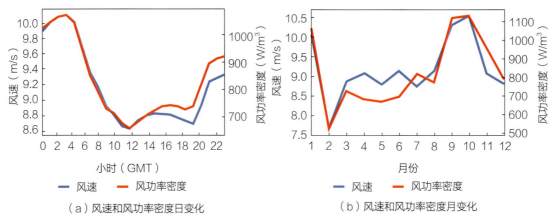

（a）风速和风功率密度日变化　　　　　　（b）风速和风功率密度月变化

图 2-27　惠灵顿风电基地风速和风功率密度的典型日变化和年变化曲线

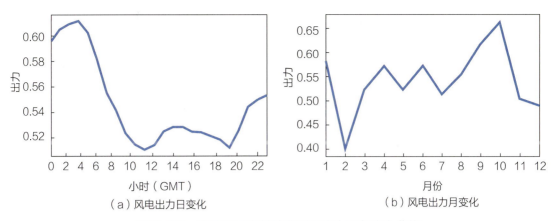

（a）风电出力日变化　　　（b）风电出力月变化

图 2-28　惠灵顿风电基地典型日出力和年出力曲线

惠灵顿风电基地装机容量 0.6GW，暂按单机容量 3.0MW、叶轮直径 140m 的风机开展风机排布研究。综合考虑风向和地形等条件，并基于中国大型风电场设计经验及相关风机排布原则，采用风电基地宏观选址规划数字化方法，开展风机自动排布。风机排布采用不等间距、梅花型布机方式，即每 2 行（沿主风能方向）分别采用 7、10.5 倍叶轮直径不等间距布置，每 6 行设置一个 2.5km 风速恢复带；行内间距（垂直主风能方向）采用 3 倍叶轮直径。按此原则测算，基地内需布置风机 200 台，基地典型区域布置如图 2-29 所示。

图 2-29　惠灵顿风电基地部分区域风机布置示意图

　　按照对陆上风电技术装备 2035 年经济性水平预测，综合考虑交通和电网基础设施条件，惠灵顿风电基地总投资估算 5.88 亿美元，其中并网及交通成本 0.41 亿美元，投资匡算见表 2-12。按此测算，基地开发后平均度电成本 2.93 美分 /kWh，基于 8% 内部收益率测算的上网电价 4.16 美分 /kWh。

表 2-12　惠灵顿风电基地投资匡算

编号	项目内容	惠灵顿风电基地
1	设备成本（亿美元）	3.98
2	建设成本（亿美元）	1.15
3	其他成本（亿美元）	0.34
4	并网及交通成本（亿美元）	0.41
5	单位千瓦投资（美元）	980

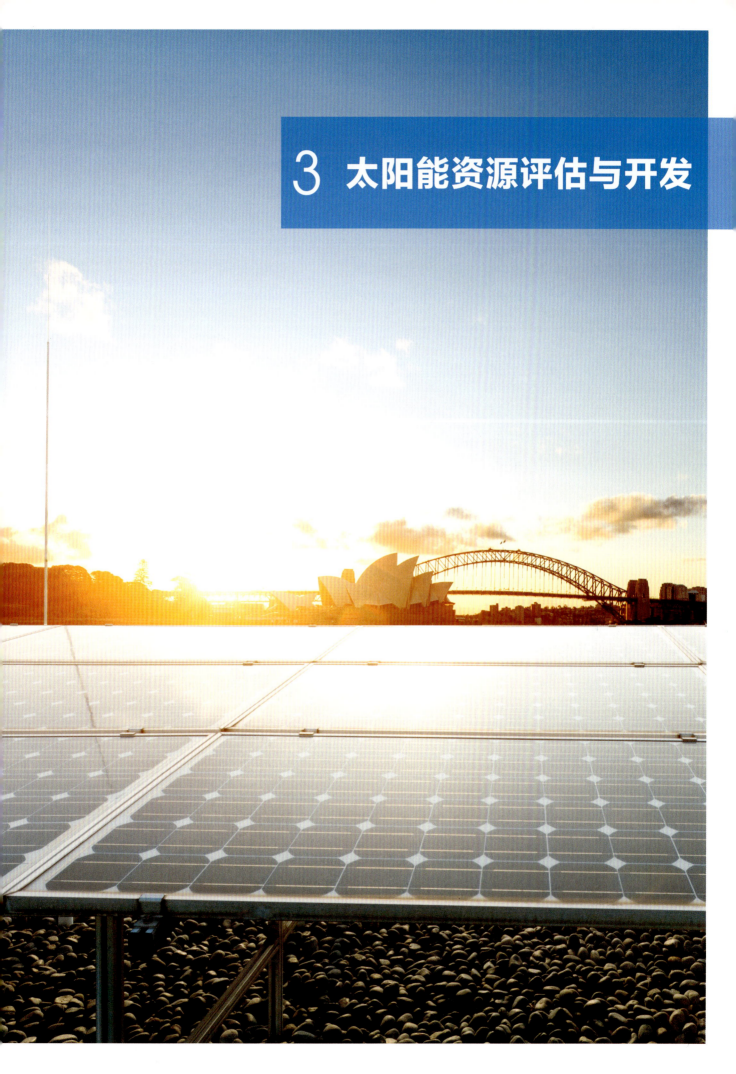

3 太阳能资源评估与开发

大洋洲太阳能资源丰富，开发潜力巨大。报告对大洋洲进行了评估，测算得出太阳能资源理论蕴藏量约 17363.8PWh/a，适宜集中开发的装机规模约 263.5TW，主要分布在澳大利亚北部、中部及西部地区，年发电量 508.4PWh。综合考虑资源特性和开发条件，采用数字化选址研究平台提出了澳大利亚北领地基地和澳大利亚西澳州基地等 5 个大型光伏基地的选址方案，总装机规模约 20.0GW。

3.1　方法与数据

太阳能是太阳以电磁波辐射形式投射到地球的能量，包括直接辐射和散射辐射。太阳能水平面总辐射量（Global Horizontal Irradiance，GHI）是指在给定时间段内水平面总辐照度的积分总和，是影响光伏发电能力的主要因素。资源评估所需基础数据主要包括资源类数据、地理信息类数据以及人类活动和经济性资料等。

报告选用理论蕴藏量、技术可开发量和经济可开发量 3 个指标开展太阳能资源的评估测算。

3.1.1　资源评估方法

太阳能光伏发电的理论蕴藏量是指评估区域内地表接收到的太阳能量完全转化为电能的能量总和（不考虑发电转化效率），单位为千瓦时。光伏发电理论蕴藏量数字化评估是将选择区域内每个格点面积与该格点对应的太阳水平面总辐射量乘积并累加。

太阳能光伏技术可开发量是指在评估年份技术水平下，剔除因地形、海拔、土地利用及辐射资源水平限制后，区域内可利用面积上的装机容量总和，单位为千瓦。评估分析主要包括可用面积计算、装机面积计算、装机密度计算 3 个关键环节，评估流程如图 3-1 所示。具体上，光伏技术可开发量评估测算的关键在于剔除不宜开发光伏的土地面积。一方面，选定区域扣除光伏不宜开发土地面积，得到光伏开发可利用面积，设定适宜开发光伏土地类型的土地利用系数，得到有效装机面积；另一方面，根据当前技术条件下光伏发电组件的设备参数和最佳排布原则，计算单位面积上的光伏发电设备排布方阵的总功率，得出装机密度。计算各格点有效装机面积与装机密度乘积的累加即为太阳能光伏技术可开发量。

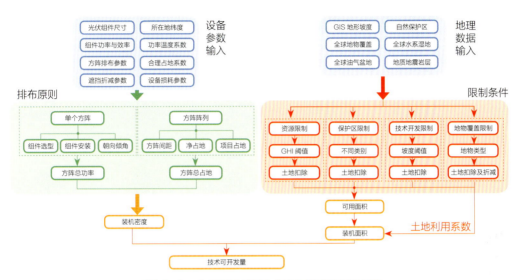

图 3-1　太阳能光伏技术可开发量评估流程

在装机容量测算的基础上，考虑遮挡、设备损耗以及气温等因素造成的光伏发电出力损失，计算光伏逐小时发电功率，进而计算得到发电量。

太阳能经济可开发量是指在评估年份技术水平下，技术可开发装机中与当地平均上网电价或其他可替代电力价格相比具有竞争优势的光伏装机总量，单位为千瓦。与风电类似，光伏发电经济性评估同样采用了平准化度电成本测算法，主要包含选定待评估地区、确定技术参数、确定成本参数、确定财务参数、确定政策参数、计算度电成本、经济性判断和结果计算 8 个主要流程，其基本框架与风电经济性评估相同，如图 2-2 所示。结合光伏发电技术特点，报告设定不同的技术参数以及成本参数，实现太阳能光伏资源经济可开发量评估。

光伏开发经济性分析中，基地的建设投资除了设备成本、建设成本（不含场外道路）、运维成本等以外，与风电相似，同样需要重点计算并网成本和场外交通成本。光伏资源开发的并网成本测算方法与风电类似，参见图 2-3。光伏资源开发的场外交通成本采用了交通成本因子法，计算待开发格点的最短公路运输距离，结合不同地区场外运输道路平均单位里程成本，量化测算每个格点待开发资源量的场外交通对成本影响。

3.1.2　宏观选址方法

　　光伏电站选址研究应贯彻统筹规划、综合平衡、合理开发的原则。与风电选址研究类似，太阳能光伏发电基地的数字化选址主要流程分为太阳辐射量计算、开发条件分析、数字化选址、电站主要技术参数计算、阵列排布、发电量与度电成本估算等，宏观选址流程如图 3-2 所示。

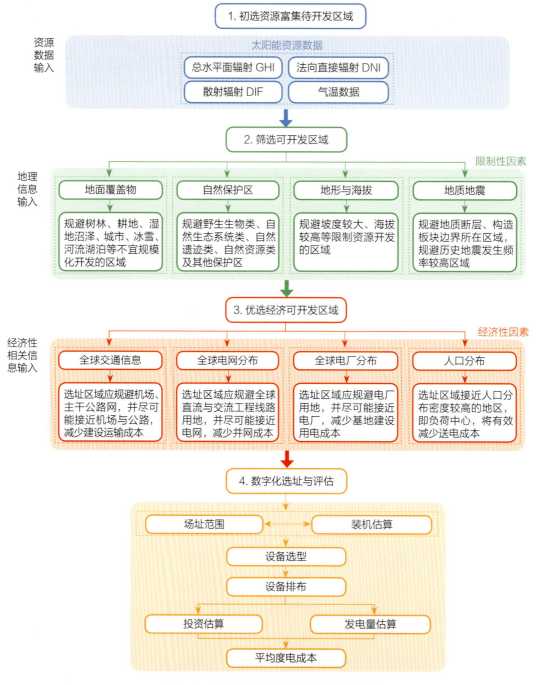

图 3-2　光伏电场宏观选址流程示意图

开展光伏选址研究需充分了解区域的太阳能资源状况，通过分析太阳能资源的时间与空间特性，寻找适宜建站的区域，再基于地理信息技术的规划方法，以地形、太阳辐射数据和地理数据为基础，利用空间分析工具筛选适宜的开发用地，详细考虑地形地貌、保护区、土地利用、林业以及工程安全等限制性因素，选取没有或较少限制性因素、工程建设条件好的区域作为选址区域。在获得可开发区域初选的基础上，根据电站设备选型计算阵列最佳倾角与间距，评估光伏发电的技术可开发量，开展光伏组件自动化排布，计算得到电站装机容量、发电量、年利用小时数、出力特性等技术参数，并结合初选场址的并网条件、外部交通条件开展经济性测算分析，获得经济可开发量评估、匡算投资以及平均度电成本。

3.1.3 基础数据与参数

3.1.3.1 基础数据

为实现数字化太阳能资源评估，报告建立了资源类、地理信息类、人类活动和经济性资料 3 类 16 项覆盖全球范围的资源评估基础数据库。

其中，太阳能资源数据采用了 SolarGIS 计算生产的全球太阳能气象资源数据 ❶，包括水平面总辐射量、法向直接辐射量、温度等，时间分辨率为典型年的逐小时数据，覆盖北纬 60° 至南纬 55° 区域，空间分辨率为 9km×9km，其他的关键基础数据见表 3-1。

表 3-1　全球太阳能资源和地理信息基础数据

序号	数据名称	空间分辨率	数据类型
1	全球太阳能资源数据	9km×9km	栅格数据
2	全球地面覆盖物分类信息	30m×30m	栅格数据
3	全球主要保护区分布	—	矢量数据
4	全球主要水库分布	—	矢量数据
5	全球湖泊和湿地分布	1km×1km	栅格数据
6	全球主要断层分布	—	矢量数据

❶ 资料来源：SolarGIS Solar Resource Database Description and Accuracy，2016 October.

序号	数据名称	空间分辨率	数据类型
7	全球板块边界分布 空间范围：南纬 66°—北纬 87°	—	矢量数据
8	全球历史地震频度分布	5km×5km	栅格数据
9	全球主要岩层分布	—	矢量数据
10	全球地形卫星图片	0.5m×0.5m	栅格数据
11	全球地理高程数据 空间范围：南纬 83°—北纬 83° 间陆地	30m×30m	栅格数据
12	全球海洋边界数据	—	矢量数据
13	全球人口分布	900m×900m	栅格数据
14	全球交通基础设施分布	—	矢量数据
15	全球电网地理接线图	—	矢量数据
16	全球电厂信息及地理分布	—	矢量数据

注　2~16 项数据来源同表 1-1。

3.1.3.2　计算参数

报告重点关注并评估全球范围内适宜集中式开发的太阳能光伏资源，将低辐照区域、保护区、森林、耕地和城市等区域作为不适宜开发区域排除在外。

专栏 3-1　　　　　　光伏的集中式和分布式开发

在太阳能资源条件好、人口密度低、地形平坦的地区，大面积连片开发光伏资源集中接入电网，工程的建设、运维集约化、效率高，可以显著减低工程投资，获得大规模清洁电力，有利于加快能源清洁转型。与风电开发相似，集中式光伏电站作为大型电力基础设施，建设要求高，对土地资源利用有较严格的要求，不能占用各类自然保护区、文物和风景名胜区、林地和耕地等，一般选址在草原和荒漠，或太阳能资源条件优越的丘陵。典型开发场景如专栏 3-1 图 1 和专栏 3-1 图 2 所示。中国西北部的新疆、青海及甘肃等省份，太阳辐射强烈且可用土地资源丰富，适宜集中开发光伏电站，近十年来不断加速并快速建立和完善了光伏设计、制造、建设和运维产业链，成本显著下降。

专栏 3-1 图 1   集中式平原光伏电站

专栏 3-1 图 2   集中开发的丘陵光伏电站

　　分布式光伏发电，一方面由于装机规模小、占地面积小，能够采取灵活形式进行储能和供能，适宜偏远村落、海岛等电网设施欠发达的地区；另一方面，适宜于在用电负荷附近，利用工业园区开阔地带以及厂房屋顶等进行光伏发电，如专栏 3-1 图 3 所示，或者利用鱼塘、山地等特殊地形开展农光互补等综合光伏开发利用。分布式光伏发电不以大规模、远距离输送电力为目的，产生的清洁电力就近接入当地电网消纳。2015 年开始，中国采取了"集中"和"分散"并举的策略❶，预计到2020 年分布式光伏装机总量达到 100GW。

---

❶ 资料来源：2016 年 11 月国家发展改革委、国家能源局下发《电力发展"十三五"规划》。

3.1　方法与数据

专栏 3-1 图 3　分布式光伏开发

1. 技术指标测算参数

结合工程建设实践，本报告认为水平面年总辐射量（GHI）低于 1000kWh/m² 的区域，光照条件不理想，开发经济性差，不宜进行集中式光伏开发。海拔超过 4500m 的高原地区多有冰川、常年冻土等分布，影响工程建设，光伏开发技术难度大、经济性差；同时高原生态脆弱，大型工程建设后的地表植被恢复困难。地形坡度大于 30° 的区域，在目前技术水平下开发难度大、经济性差，排除在开发范围外。野生动物、自然环境、风景名胜等各类保护区，森林、耕地、湿地沼泽、城市、永久冰川等地面覆盖物类型的区域不宜开发。对于适宜开发的灌丛、草本植被以及裸露地表 3 种区域类型，结合光伏发电技术特点以及当前设备水平，分别设置了利用系数，见表 3-2。

表 3-2　全球太阳能资源评估模型采用的主要技术指标和参数

类型	限制因素	阈值	参数（%）
资源限制	GHI	>1000kWh/m²	—
技术开发限制	陆地海拔	<4500m	—
保护区限制	自然生态系统	不宜开发	0
	野生生物类	不宜开发	0
	自然遗迹类	不宜开发	0

续表

类型	限制因素	阈值	参数（％）
保护区限制	自然资源类	不宜开发	0
	其他保护区	不宜开发	0
地面覆盖物限制	树林	不宜开发	0
	耕地	不宜开发	0
	湿地沼泽	不宜开发	0
	城市	不宜开发	0
	冰雪	不宜开发	0
	灌丛	适宜开发	50
	草本植被	适宜开发	80
	裸露地表	适宜开发	100
地形坡度限制	>30°	不宜开发	0

2. 经济性指标测算参数

与风电开发相似，研究同样采用平准化度电成本法建立了一种适用于光伏资源经济可开发量的计算模型，以及光伏开发投资水平预测模型。基于多元线性回归预测法与神经元网络关联度分析法，结合大洋洲发展水平以及光伏技术装备与非技术类投资成本的预测结果，提出了 2035 年大洋洲光伏综合初始投资的组成及其推荐取值，并给出了财务参数推荐取值，并网成本参数与风电开发相同，见表 3-3 和表 3-4。其中，场外交通成本按照中国工程经验，综合山地、平原、二级公路建设费用水平进行测算；并网成本参照中国超高压交流、直流输电工程造价水平进行测算。

表 3-3　大洋洲 2035 年光伏开发初始投资组成与推荐取值

序号	投资组成	总造价（美元 /kW）
1	设备及安装	423～453
1.1	设备费	305～327
1.2	安装费	118～126
2	建筑工程	7～8
3	其他	12～13
总计		442～474

表 3-4　大洋洲 2035 年光伏发电经济性计算的财务参数推荐取值

序号	投资组成	推荐取值
1	贷款年限	7 年
2	贷款比例	70%
3	贷款利率	3%
4	贴现率	2%
5	建设年限	1 年
6	运行年限	20 年
7	残值比例	0%
8	运维占比	1.5%
9	场外交通	10000 美元 /km

3.2 资源评估

太阳辐照强度、地面覆盖物、保护区分布影响区域集中开发利用太阳能的可行性，公路、电网等基础设施条件影响区域太阳能开发的经济性水平。本报告基于覆盖大洋洲的数据、信息，采用统一指标和参数完成了大洋洲太阳能资源评估研究。

3.2.1 水平面总辐射量分布

报告采用 SolarGIS 公司生产得到的太阳能资源数据，开展太阳能资源评估，资源数据包括太阳能水平面总辐射量、法向直接辐射量和温度等。大洋洲蕴藏着巨大的太阳能开发潜力，大洋洲澳大利亚的北部、中部和西部大部分地区的太阳能资源条件优异，区域内平均年水平面总辐射量在 2200kWh/m² 以上，利于开展大型光伏基地开发。其太阳能水平面总辐射量分布如图 3-3 所示。

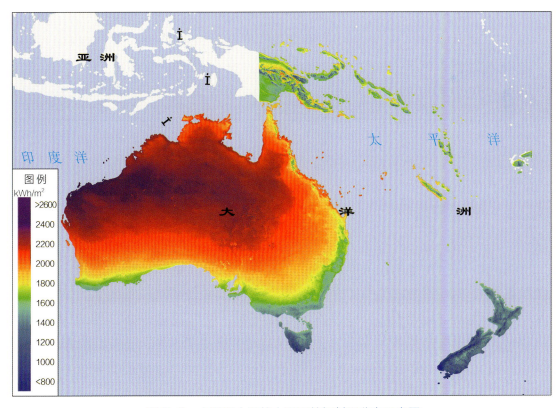

图 3-3 大洋洲太阳能水平面总辐射量分布示意图

专栏 3-2 **全球太阳能资源数据**

　　获取一个地区太阳能资源数据最简单、最准确的方法就是利用地面辐射观测资料，然而地面观测站点数量有限且空间分布不均匀，无法完全满足太阳能资源精细化评估需求。因此，当前全球太阳能资源数据获取以基于卫星遥感资料的物理反演方法为主，并采用高质量的地面辐射观测数据对评估结果进行校准，有效提高数据时空分辨率和精确度。欧洲 GeoModel Solar 公司采用了卫星遥感数据结合辐射传输模拟方法，利用卫星遥感、GIS 地理信息技术和先进的科学算法开展太阳辐射反演模拟计算。基于卫星数据、气象模式再分析数据、地理信息数据并结合地面观测数据，建立了包含一系列高分辨率气象要素的 SolarGIS 数据库，其中，太阳辐射数据包含水平面总辐射 GHI，法向直接辐射 DNI 和散射辐射 DIF。经过对比验证，GHI 数据与地面实测数据对比的误差度在 ±4% 到 ±8% 之间，在高空间分辨率、高品质地面测量、高时间分辨率数据处理算法等方面，该数据产品处于全球先进水平。本报告采用的是 SolarGIS 公司生产的全球陆地主要太阳能资源开发区域（北纬 60° 到南纬 55° 之间）9km 分辨率的太阳能资源图谱及逐小时时间序列数据，该数据也是世界银行 World Bank Solar Atlas 平台的基础数据之一，在全球获得广泛应用。

3.2.2　地面覆盖物

　　从适宜大规模开发的土地资源角度分析，森林、耕地、水体湿地、城市和冰川是影响太阳能光伏发电集中开发的主要地面覆盖物限制性因素。大洋洲澳大利亚大部分地区属于热带干旱、半干旱气候，终年高温干旱，除南澳州北部部分地区为裸露地表外，澳大利亚中部和西部大部分地区为草本植被和灌丛，太阳能资源集中开发条件优越。大洋洲上述 3 种适宜光伏集中开发的地面覆盖物分布如图 3-4 所示。

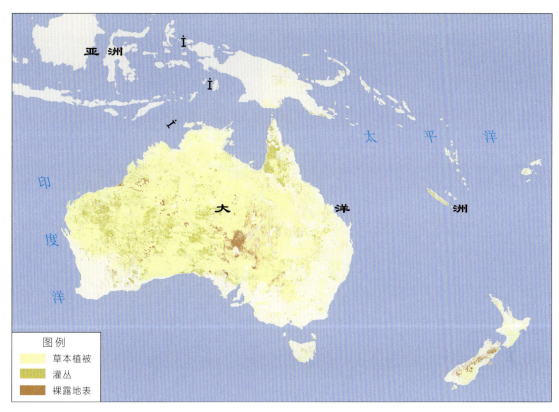

图 3-4　大洋洲草本植被、灌丛与裸露地表分布情况示意图

3.2.3　地形分布

地形条件对光伏等新能源资源开发有较大影响，主要包括海拔高度和地形坡度 2 个方面。

海拔高度方面，高海拔地区大气散射作用减弱有利于光伏发电，但是 4500m 以上的高原地区一方面多有冰川、常年冻土等分布，光伏工程开发技术难度大，经济性差；同时高原生态脆弱，大型工程建设后的地表植被恢复困难。大洋洲海拔高程分布如图 3-5 所示。总体来看，大洋洲主要为海拔 500m 以内的平原，影响集中式光伏开发的陆地面积很少。

地形方面，地面的坡向和坡度将影响光伏发电装置布置的角度和间距，从而影响单位面积可获得的发电量。采用全球数字高程模型，对全球格点计算坡向（0°—360°）和坡度（0°—90°），结合格点经纬度坐标，形成光伏发电装置倾角和间距计算的重要输入参数。大洋洲地形坡度分布如图 3-6 所示。总体来看，坡度低于 1.5° 的平坦区域占比最大，超过总面积的 80%；坡度超过 30° 的陡峭山区分布极少。

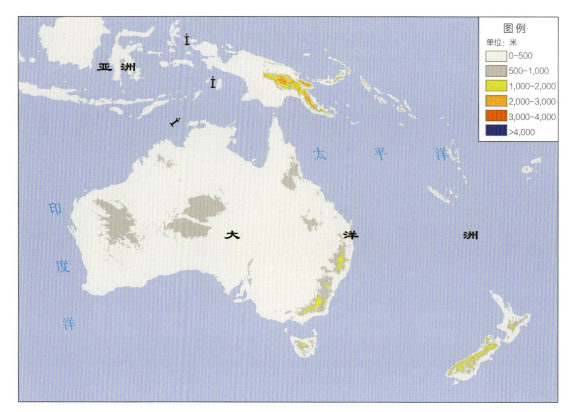

图 3-5　大洋洲海拔高程分布示意图

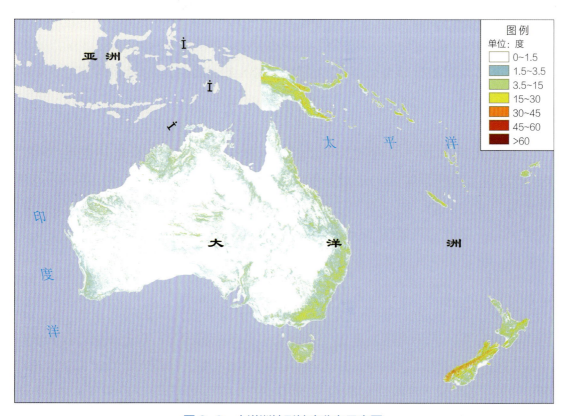

图 3-6　大洋洲地形坡度分布示意图

| 专栏 3-3 | 大洋洲的地形 |

大洋洲介于亚洲、南极洲之间，面临印度洋，东西同美洲遥望，包括澳大利亚大陆，塔斯马尼亚岛，新西兰南北二岛，新几内亚岛，以及太平洋上的波利尼西亚等群岛，总面积 900 万 km^2，是除南极洲外，世界上人口最少的一个大洲，人口约 2400 万。地形分为大陆和岛屿两部分。大洋洲的地貌结构自西向东有五个明显不同的地貌单元：大陆西部的侵蚀高原（西澳高原）、大陆中部的沉降平原（中澳平原）、大陆东部的断块山地（东澳山地）、大陆东侧的新褶皱岛弧（大陆型岛屿）、更东的火山—珊瑚岛屿群（海洋型岛屿）。大洋洲除部分山地海拔超过 2000m 外，一般在 600m 以下。海拔 200m 以下的平原约占全洲面积 1/3，200~600m 的丘陵、台地约占全洲面积 1/2 以上，为世界地势低缓的洲。

澳大利亚大陆可分为三个地形区：第一，东部山地，大分水岭纵贯南北，海拔约 800~1000m，东坡较陡，西坡平缓；第二，西部低矮高原，面积约占全国面积 1/2 以上，沙漠和半沙漠面积很大，海拔 200~1000m；第三，中部平原，海拔在 200m 以下，最低处是埃尔湖（−12m）。地面河流很少，但地下水丰富，形成世界著名的大自流井盆地。澳大利亚大陆中、西部面积辽阔，气候干旱，植被稀少，风力较强，地表广泛分布着风蚀、风积地貌。在西部沙漠和中部艾尔湖一带，有许多风积作用形成的沙丘、沙垄和碟状洼地，太阳能资源丰富。

3.2.4 评估结果

1. 理论蕴藏量评估

根据测算，大洋洲太阳能光伏资源理论蕴藏量 17363.8PWh/a，约占全球总量 8%。从分布上看，大洋洲澳大利亚理论蕴藏量较高。

2. 技术可开发量评估

综合考虑资源和各类技术限制条件后，经评估测算，大洋洲太阳能光伏适宜集中开发的规模 263.5TW，年发电量高达 508.4PWh。

从分布上看，大洋洲光伏资源主要集中在澳大利亚中部和西部，占到全洲总量的 90% 以上。上述地区海拔基本在 2000m 以下，主要是草本植被、灌丛，少量裸露地表，除澳大利亚中部较大面积自然资源类保护区之外，绝大部分地区适合建设大型光伏基地。

与风电技术指标相似，采用单位国土面积的年发电量与装机容量的比值，即装机利用小时数（容量因子，Capacity Factor）也是反映区域光伏资源技术开发条件优劣的一个关键参数。大洋洲光伏技术可开发区域及其利用小时分布如图 3-7 所示。

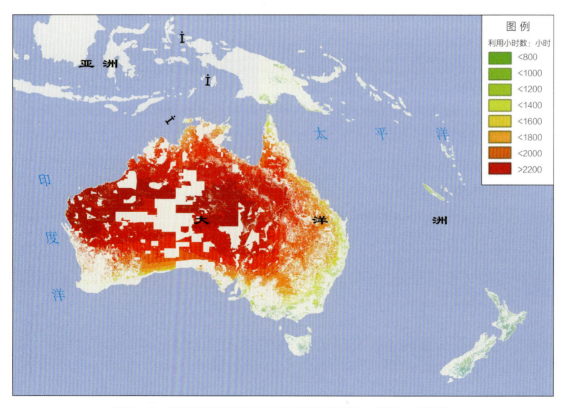

图 3-7 大洋洲光伏技术可开发区域及其利用小时分布示意图

从技术指标来看，全洲光伏技术可开发装机的平均利用小时约 1929 小时（平均容量因子约 0.22），其中，澳大利亚西澳州北部及中部、北领地中东部、南澳州东部、昆士兰州西部和新南威尔士州西北部光伏利用小时在 2000 以上，资源条件优越，最大值出现在澳大利亚北部的埃克斯茅斯（Exmouth）附近，超过 2100 小时。

3. 开发成本评估

按照对光伏技术装备 2035 年经济性水平预测，综合考虑交通和电网基础设施条件，大洋洲集中式光伏的平均开发成本[1]为 3.43 美分，大洋洲光伏集中开发的平均成本在 2.96~7.47 美分之间。按照当前全球约 8 美分的平均电价水平评估[2]，大洋洲近乎全部的技术可开发装机均满足经济性要求，按照全球 3.5 美分光伏平均开发成本评估，大洋洲 2035 年造价水平下的光伏经济可开发规模约 101.7TW，技术可开发量占比约 39%。

大洋洲光伏资源开发成本分布如图 3-8 所示。

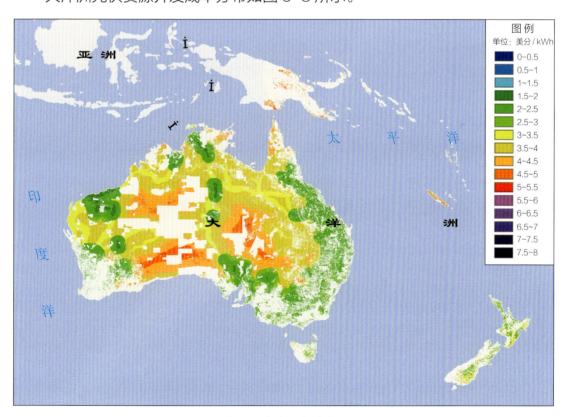

| 图例 |
| 单位: 美分 / kWh |
| 0~0.5 |
| 0.5~1 |
| 1~1.5 |
| 1.5~2 |
| 2~2.5 |
| 2.5~3 |
| 3~3.5 |
| 3.5~4 |
| 4~4.5 |
| 4.5~5 |
| 5~5.5 |
| 5.5~6 |
| 6~6.5 |
| 6.5~7 |
| 7~7.5 |
| 7.5~8 |

图 3-8　大洋洲光伏开发成本分布示意图

[1] 大洋洲集中式光伏的平均开发成本为洲内各国家平均开发成本及其年发电量的加权平均值。

[2] 资料来源: 可再生能源发电价格参考国际可再生能源署（IRENA）的报告:《RENEWABLE POWER GENERATION COSTS IN 2018》，燃气、燃煤和核电价格参考国际能源署（IEA）的报告:《Projected Costs of Generating Electricity》。

从经济性指标来看，资源条件优异，同时交通、电网基础设施条件相对较好的国家和地区光伏开发成本相对较低，经济性更好。从整体来看，大部分国家和地区的最高度电成本均高于 8 美分，标志着大洋洲大多数岛国不具备良好的大规模开发条件。其中，斐济、新喀里多尼亚、巴布亚新几内亚、瓦努阿图、所罗门群岛等国家的部分区域存在极高度电成本，与其局部较差的交通及并网条件密切相关。

从平均水平来看，澳大利亚的全国平均开发成本最低，为 3.42 美分，其最低度电成本为 1.77 美分。

从最经济的开发区域来看，澳大利亚、新西兰 2 个国家国光伏的最低开发成本低于 2.5 美分，开发经济性较好，其中开发成本最低的出现在澳大利亚西澳州（Western Australia）西北部，为 1.77 美分。

专栏 3-4　　澳大利亚的太阳能资源

澳大利亚是大洋洲国土面积最大的国家，国土总面积约 769 万 km^2。根据数据测算，境内最高海拔高度 2187m，最大地形坡度 50.7°。

全国光伏资源丰富，GHI 范围为 663.91~2081.89kWh/m^2，区域平均 GHI 约 2364.88kWh/m^2。西部沿海 GHI 更高。

1. 主要限制性因素

澳大利亚境内的限制性因素参见专栏 2-4。

2. 评估结果

根据测算，澳大利亚太阳能光伏资源理论蕴藏量 16134.9TWh/a；集中式开发的技术可开发量 258.6TW，年发电量 501.3PWh/a，平均利用小时数 1939（容量因子约 0.22）。澳大利亚北部地区光伏装机条件好，部分平原地区的装机能力可以超过 100MW/km^2，全国光伏技术可开发量以及开发成本分布如专栏图 3-4 图 1 所示。

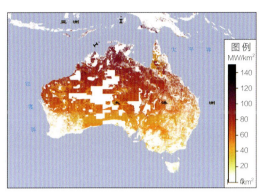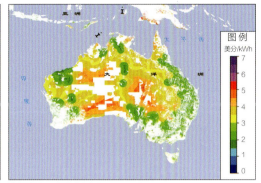

（a）技术可开发量分布　　　　　　　（b）开发成本分布

专栏 3-4 图 1　澳大利亚光伏技术可开发量以及开发成本分布示意图

根据测算，澳大利亚光伏的平均开发成本为 3.42 美分 /kWh，其中开发条件最好的地区，开发成本低至 1.77 美分 /kWh。国内绝大部分地区均适合光伏大规模经济开发，其中东部地区开发经济性更优异。

专栏 3-5　　新西兰的太阳能资源

新西兰地处大洋洲东南部，国家分为北岛和南岛两个部分，国土总面积 27 万 km^2，境内最高海拔高度 3580m，最大地形坡度 79.1° 。

全国光伏资源一般，GHI 范围为 632.8~1587.41kWh/m^2，区域平均 GHI 为 1281.48kWh/m^2，中部及北部 GHI 更高。

1.　主要限制性因素

澳大利亚境内的限制性因素参见专栏 2-5。

2.　评估结果

根据测算，新西兰太阳能光伏资源理论蕴藏量 345.7PWh/a，集中式开发的技术可开发量 1.99TW，年发电量 2.66PWh/a，平均利用小时数 1399（容量因子约 0.16）。新西兰北部地区光伏装机条件好，部分平原地区的装机能力可以超过 100MW/km^2，全国光伏技术可开发量以及开发成本分布如专栏图 3-5 图 1 所示。

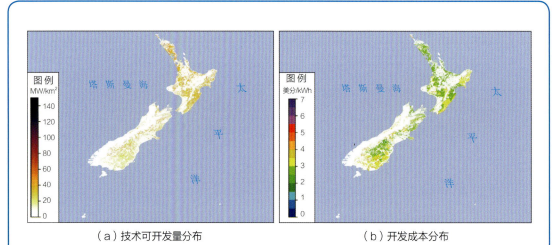

（a）技术可开发量分布　　　　　（b）开发成本分布

专栏 3-5 图 1　新西兰光伏技术可开发量以及开发成本分布示意图

根据测算，新西兰光伏平均开发成本为 2.96 美分 /kWh，其中开发条件最好的地区，开发成本低至 2.43 美分 /kWh。国内绝大部分地区均适合光伏大规模经济开发，其中北岛东部及南岛东南部地区开发经济性更优异。

大洋洲 9 个国家和地区太阳能资源评估结果见表 3-5，包括理论蕴藏量、集中式开发规模以及按国别平均的开发成本。技术可开发量的评估结果是按照本报告 3.1.3 给定的评估参数计算获得，是满足集中式开发条件区域的装机容量，并不包含低辐照和部分可采用分布式开发的耕地和城市区域的光伏装机规模。大洋洲巴布亚新几内亚因为森林和耕地覆盖原因，集中式光伏开发条件差；所罗门群岛、图瓦卢和瓦努阿图等国，国土面积小，集中式光伏开发条件差。

表 3-5 大洋洲 9 个国家和地区太阳能资源评估结果

序号	国家	理论蕴藏量（PWh/a）	集中式开发规模（GW）	年发电量（TWh/a）	可利用小时数[①]	可利用面积比例[②]（%）	平均开发成本[③]（美分/kWh）
1	澳大利亚	16134.9	258573.7	501326.8	1939	44	3.42
2	巴布亚新几内亚	757.6	2205.2	3323.4	1507	7	4.59
3	所罗门群岛	43.5	37.0	54.3	1468	2	6.71
4	新西兰	345.7	1986.9	2660.9	1399	34	2.96
5	瑙鲁	0.9	2.3	3.5	1524	35	6.31
6	图瓦卢	0.1	0.0	0.0	0	0	—
7	瓦努阿图	19.3	74.6	106.8	1432	9	7.47
8	新喀里多尼亚（法）	31.2	355.6	549.0	1544	30	4.48
9	斐济	28.2	243.7	356.0	1461	18	6.73
10	其他国家和地区	2.5	10.7	18.6	1740	7	5.33
	合计	17363.9	263489.7	508399.3	1929	41.04	3.43

① 大洋洲光伏发电利用小时数为洲内年总发电量与总技术可开发量的比值。

② 大洋洲光伏发电可利用面积比例为洲内总可利用面积与全洲总面积的比值。

③ 大洋洲光伏发电平均开发成本为洲内各国家平均开发成本及其年发电量的加权平均值。

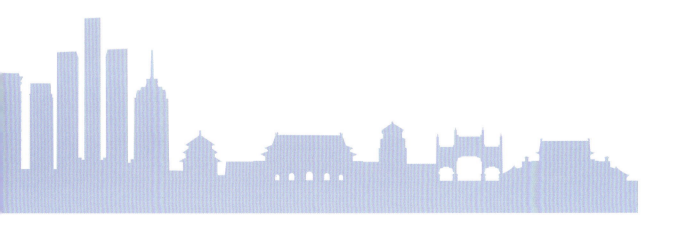

3.3 光伏基地开发

3.3.1 开发现状

从 2012 年起大洋洲光伏装机开始较快增长，2018 年总装机容量达到 11.6GW，大洋洲历年光伏总装机容量如图 3-9（a）所示[1]。其中，澳大利亚光伏装机容量较大，为 10.9GW，发电量为 14497GWh[2]，见表 3-6。图 3-9（b）给出了澳大利亚历年光伏装机容量，由图可知，2010—2018 年，澳大利亚光伏装机容量增长较快，澳大利亚大型光伏电站 Wilpena Solar Farm，装机容量 145MW。

（a）大洋洲历年光伏总装机容量　　　　（b）澳大利亚历年光伏装机容量

图 3-9　大洋洲光伏装机容量

表 3-6　2018 年大洋洲主要国家光伏开发情况

国家	光伏装机容量（MW）	光伏发电量（GWh）
澳大利亚	10939	14497

根据彭博社统计，2010—2018 年，大洋洲澳大利亚等主要国家的光伏年投资从 22 亿美元上升到 52 亿美元[3]。

根据国际可再生能源署统计，2013—2018 年，澳大利亚光伏加权平均的初投资水平下降了 60%，从 760 美元 /kW 降至 375 美元 /kW。2018 年，澳大利亚的光伏电站综合初始投资水平为 1554 美元 /kW[4]。

[1] 资料来源：International Renewable Energy Agency. Renewable capacity statistics 2019[R]. Abu Dhabi: IRENA, 2019.
[2] 资料来源：彭博社 . 全球装机和发电量统计 [EB/OL]，2020-02-24.
[3] 资料来源：彭博社 . 全球投资统计 [EB/OL]，2020-07-13.
[4] 资料来源：International Renewable Energy Agency. Renewable Power Cost in 2018[R]. Abu Dhabi: IRENA, 2019.

3.3.2 基地布局

根据大洋洲太阳能资源评估结果，综合考虑资源特性和开发条件，大型光伏基地宜在技术指标高，开发成本低的区域进行布局。综合当地用电需求，根据大洋洲能源互联网主要战略输电通道布局，未来在澳大利亚重点开发北领地、昆士兰北、昆士兰南、南澳州和西澳州 5 个光伏基地，2035 年开发规模可达到 20.00GW。

报告基于数字化选址模型和软件，对上述 5 个光伏基地的开发条件、装机规模、工程设想、发电特性和投资水平进行了研究，提出了初步开发方案。5 个光伏基地的总装机规模约 20GW，年发电量 38.46TWh/a。根据远景规划，未来开发总规模有望超过 44GW。按照 2035 年大洋洲光伏造价预测成果，基于项目基本情况进行投资估算，大洋洲光伏基地总投资约 97.37 亿美元，度电成本为 1.92~2.28 美分 /kWh。大洋洲大型光伏发电基地总体布局如图 3-10 所示。

图 3-10 大洋洲大型光伏基地布局示意图

3.3.3 基地概述

报告提出的大洋洲 5 个重点光伏基地选址的总体情况如下。

1. 澳大利亚北领地（Northern Territory）基地

基地位于澳大利亚北领地（Northern Territory）北部，基地水平面年总辐射量 2224kWh/m^2。基地占地面积 26.20km^2，海拔高程范围 160.5~197m，主要地形为平原。基地选址避让了保护区，范围内有草本植被等影响因素，可装机土地利用率 80%。按照初步开发方案，基地装机容量 2GW，年发电量 3859GWh；项目总投资 9.18 亿美元，综合度电成本 1.93 美分 /kWh。

2. 澳大利亚昆士兰北（Queensland North）基地

基地位于澳大利亚昆士兰州（Queensland North）北部，基地水平面年总辐射量 2096kWh/m^2。基地占地面积 54.30km^2，海拔高程范围 539~576.5m，主要地形为高原平地。基地选址避让了保护区，范围内存在草本植被、灌丛等影响因素，可装机土地利用率 83.7%。按照初步开发方案，基地装机容量 4GW，年发电量 7598GWh；项目总投资 18.57 亿美元，综合度电成本 1.98 美分 /kWh。

3. 澳大利亚昆士兰南（Queensland South）基地

基地位于澳大利亚昆士兰州（Queensland South）东南部，基地水平面年总辐射量 2011.44kWh/m^2。基地占地面积 68.78km^2，海拔高程范围 262~324m，主要地形为平原和丘陵。基地选址避让了保护区，范围内存在草本植被和树林等影响因素，可装机土地利用率 79.8%。按照初步开发方案，基地装机容量 4GW，年发电量 7432GWh；项目总投资 20.86 亿美元，综合度电成本 2.28 美分 /kWh。

4. 澳大利亚南澳州（Southern Australia）基地

基地位于澳大利亚南澳州（Southern Australia）中部，基地水平面年总辐射量 2100.89kWh/m^2。基地占地面积 76.09km^2，海拔高程范围 113.5~131.5m，主要地形为平原。基地选址避让了保护区，范围内存在草本植被等影响因素，可装机土地利用率 80%。按照初步开发方案，基地装机容量 4GW，年发电量 7787GWh；项目总投资 20.85 亿美元，综合度电成本 2.17 美分 /kWh。

5. 澳大利亚西澳州（Western Australia）基地

基地位于澳大利亚西澳州（Western Australia）西南部，基地水平面年总辐射量 2138.36kWh/m^2。基地占地面积 108.76km^2，海拔高程范围 479.5~527m，主要地形为高原平地。基地选址避让了保护区，范围内存在树林、草本植被和灌丛等影响因素，可装机土地利用率 77.9%。按照初步开发方案，基地装机容量 4GW，年发电量 11784GWh；项目总投资 27.91 亿美元，综合度电成本 1.92 美分 /kWh。

各大型光伏基地主要技术经济指标见表 3-7。

表 3-7　大洋洲主要大型光伏基地技术经济指标

序号	基地名称	国家	占地面积（km^2）	主要地形	年均 GHI（kWh/m^2）	装机规模（GW）	年发电量（GWh）	总投资（亿美元）	度电成本（美分/kWh）
1	北领地	澳大利亚	26.20	平原	2224.00	2.0	3859	9.18	1.93
2	昆士兰北	澳大利亚	54.30	高原平地	2096.00	4.0	7598	18.57	1.98
3	昆士兰南	澳大利亚	68.78	平原和丘陵	2011.44	4.0	7432	20.86	2.28
4	南澳州	澳大利亚	76.09	平原	2100.89	4.0	7787	20.85	2.17
5	西澳州	澳大利亚	108.76	高原平地	2138.36	6.0	11784	27.91	1.92
合计			—			20.0	38460	97.37	—

3.3.4　基地选址研究

报告给出了澳大利亚北领地和西澳州 2 个光伏基地选址研究的详细结果，可供项目开发研究参考。

3.3.4.1 澳大利亚北领地光伏基地

1. 主要开发条件分析

光伏资源条件。北领地（Northern Territory）光伏基地位于澳大利亚（Australia）中北部的北领地，基地多年平均的水平面总辐射量 GHI 为 2224kWh/m²，资源条件优越，非常适宜进行太阳能资源的规模化开发。基地总体位置及其太阳能水平面总辐射量情况如图 3-11 所示。

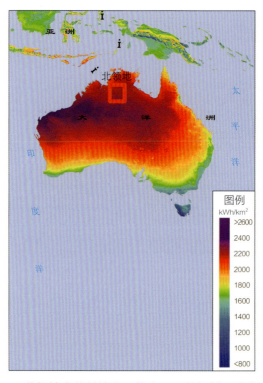

图 3-11 北领地光伏基地太阳能水平面总辐射量分布示意图

地形地貌。区域地处澳大利亚北部的平原地区，东临罗珀河（Roper River），南临塔纳米沙漠（Tanami Desert），区域内的海拔高程范围 160.5～197m，最大坡度 1.4°，地形平坦，适宜建设大型光伏基地。

主要限制性因素。北领地光伏基地位于北领地的北部，占地总面积 26.20km²，区域选址及其周边主要限制因素分布如图 3-12 所示。区域内地物覆盖类型全部为草本植被。基地内无自然保护区等限制性因素，选址主要避让东南部 16km 外的 1 处自然生态类保护区。基地东北侧 1km 有公路通过。电网方面，东北侧 1km 有 1 条 110kV 交流输电通道经过，接入电网条件较好。电源方面，基地西北部约 82km 有一座 21MW 的燃气电厂。

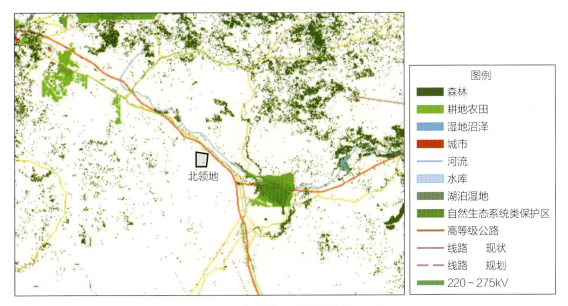

图 3-12　北领地光伏基地选址示意图

　　基地范围内松散沉积岩主要发育。基地东北部 57km 处接触断层分布，距离最近的存在历史地震记录的地区约 557km，地质结构稳定。基地岩层分布及地震情况如图 3-13 所示。基地区域内植被稀疏，无大型城镇等人类活动密集区，北侧 33km 有小型城镇分布，距离最近人口密集区域（3.5 万人 /km^2）约 79km，距离基地最近的大型城市为达尔文（Darwin）市。

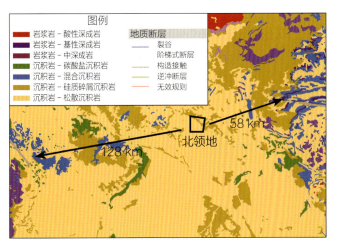

图 3-13　北领地光伏基地岩层分布及地质情况示意图

2. 开发规模与资源特性

经测算，北领地光伏基地太阳能资源理论蕴藏量为 58.27TWh/a。技术可开发装机容量 2GW，年发电量约 3.86TWh，利用小时数 1924。基地光伏年发电量的地理区域分布如图 3-14（a）所示，基地地势平坦，装机和发电量的地理分布相对均匀；基地 8760 逐小时出力系数热力分布如图 3-14（b）所示，其横坐标代表24 小时，纵坐标代表 265 天，反映了 8760 小时中光伏出力随时间变化的规律。

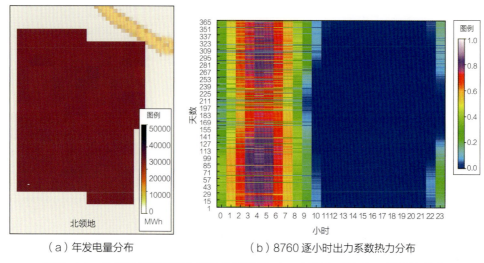

（a）年发电量分布　　　　　（b）8760 逐小时出力系数热力分布

图 3-14　北领地光伏基地年发电量分布和 8760 逐小时出力系数热力分布

选择代表点对基地发电特性进行分析。基地辐射和温度以及对应光伏发电出力的典型日变化和年变化曲线如图 3-15 和图 3-16 所示。从日变化来看，高辐射时段主要集中在 2—6 点（世界标准时间，下同，折算到澳大利亚当地时间为 12—16 点）。从月度变化来看，全年 10 月—次年 1 月总辐射大，发电能力强，5 月—7 月总辐射小，发电能力小。

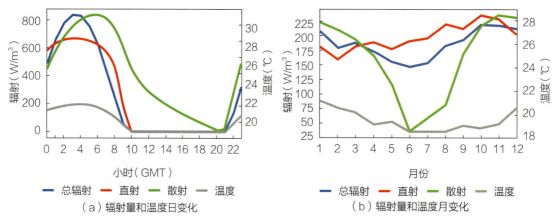

（a）辐射量和温度日变化　　　　　（b）辐射量和温度月变化

图 3-15　北领地光伏基地辐射和温度典型日变化和年变化曲线

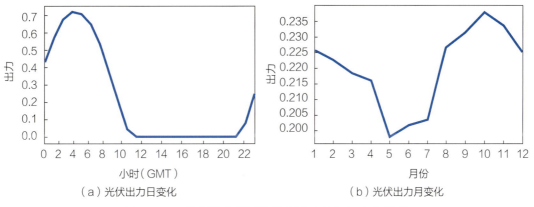

（a）光伏出力日变化　　　　　　　　（b）光伏出力月变化

图 3-16　北领地光伏基地典型日出力和年出力曲线

3. 工程设想与经济性分析

北领地光伏基地装机容量 2GW，基地暂按 310Wp 高效单晶组件，采用固定式支架，竖向 2×22（横向 22 排，竖向 2 列）开展光伏阵列布置研究。综合考虑当地太阳能资源和地形等条件，并基于中国大型光伏电站设计经验及相关光伏板布置原则，采用光伏基地宏观选址规划数字化方法，开展光伏阵列自动排布。当地组件最佳倾角为 14°，基于最佳倾角下的倾斜面辐射量，预留对应前后排间距 4.9m，考虑检修空间和通行道路，组串东西向间距为 0.5m。基地规划布置图如图 3-17 所示。

按照对光伏发电工程 2035 年经济性水平预测，综合考虑交通和电网基础设施条件，北领地光伏基地总投资 9.18 亿美元，其中并网及交通成本 0.13 亿美元。光伏基地的投资匡算见表 3-8。按此测算，基地开发后平均度电成本 1.93 美分 /kWh。基于 8% 内部收益率测算的上网电价 2.95 美分 /kWh。

图 3-17 北领地光伏基地组件排布示意图

表 3-8 北领地光伏基地投资匡算

编号	项目内容	北领地光伏基地
1	设备成本（亿美元）	8.65
2	建设成本（亿美元）	0.14
3	其他成本（亿美元）	0.26
4	场外交通及并网成本（亿美元）	0.13
5	单位千瓦投资（美元）	459

3.3.4.2 西澳州光伏基地

1. 主要开发条件分析

光伏资源条件。 西澳州（West Australia）光伏基地位于澳大利亚（Australia）西部的西澳大利亚州，基地多年平均的水平面总辐射量 GHI 为 2138.36kWh/m²，太阳能资源条件优越，非常适宜进行太阳能资源的规模化开发。基地总体位置及其太阳能水平面总辐射量情况如图 3-18 所示。

地形地貌。 区域地处澳大利亚西部的高原平地，西邻奥斯汀湖（Lake Austin），南临盐湖（Lake Tyrrell），区域内的海拔高程范围 479.5~527m，最大坡度 1.3°，地形平坦，适宜建设大型光伏基地。

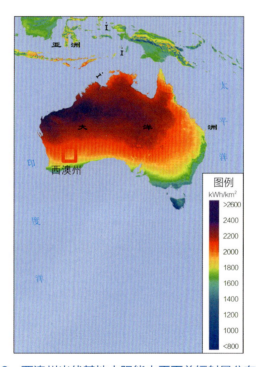

图 3-18　西澳州光伏基地太阳能水平面总辐射量分布示意图

主要限制性因素。 基地位于西澳大利亚州的南部，占地总面积 108.76km²，选址及其周边主要限制因素分布如图 3-19 所示。区域内地物覆盖类型全部为草本植被和灌丛，基地内无自然保护区等限制性因素，选址主要避让东北部 30km 外的 1 处自然资源类保护区。基地西南部 630km 处有珀斯（Perth）机场，基地内有公路通过。电网方面，东北侧有 1 条 220kV 交流输电通道经过，接入电网条件较好。电源方面，东北部 6.6km 处有 1 座 59MW 燃气电厂。

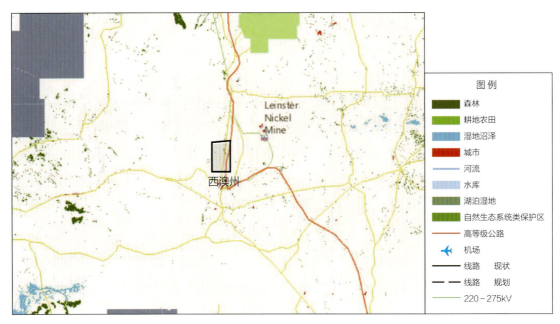

图 3-19　西澳州基地选址示意图

　　基地范围内松散沉积岩主要发育。基地东北部 86km 处接触断层分布，距离最近的存在历史地震记录的地区约 376km，地质结构稳定。基地岩层分布及地震情况如图 3-20 所示。基地区域内为草本植被，无大型城镇等人类活动密集区，东部 13km 处有中小型城镇分布，距离最近人口密集区域（3.5 万人 /km^2）约 338km，距离最近的大型城市为珀斯（Perth）市。

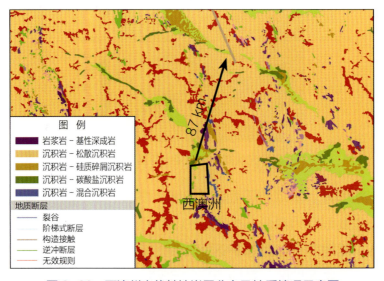

图 3-20　西澳州光伏基地岩层分布及地质情况示意图

2. 开发规模与资源特性

经测算，基地太阳能资源理论蕴藏总量为 258.6TWh/a，技术可开发装机容量 6GW，年发电量 11.62TWh，利用小时数 1937。基地光伏年发电量的地理区域分布如图 3-21（a）所示，基地东侧起伏较大，装机和发电量的地理分布与地形坡度变化相近；基地 8760 逐小时出力系数热力分布如图 3-21（b）所示，其横坐标代表 24 小时，纵坐标代表 365 天，反映了 8760 小时光伏出力随时间变化的规律。

选择代表点对基地发电特性进行分析。西澳州光伏基地的辐射和温度及对应光伏发电出力的典型日变化和年变化曲线如图 3-22 和图 3-23 所示。从日变化来看，阿塔卡玛光伏基地的高辐射时段主要集中在 3—6 点（世界标准时间。折算到澳大利亚当地时间为 13—16 点）。从月度变化来看，全年 11 月—次年 1 月总辐射大，发电能力强，5 月—7 月总辐射小，发电能力小。

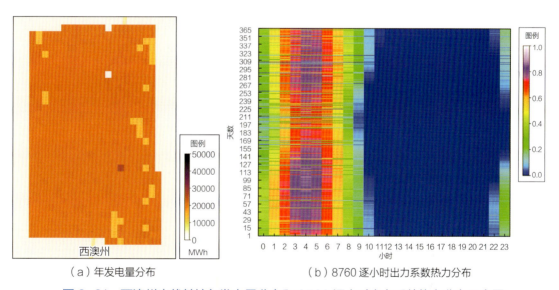

（a）年发电量分布 　　　（b）8760 逐小时出力系数热力分布

图 3-21　西澳州光伏基地年发电量分布和 8760 逐小时出力系数热力分布示意图

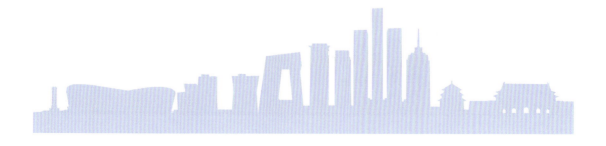

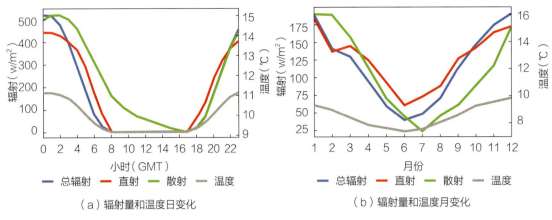

（a）辐射量和温度日变化　　　　　　（b）辐射量和温度月变化

图 3-22　西澳州光伏基地辐射和温度典型日变化和年变化曲线

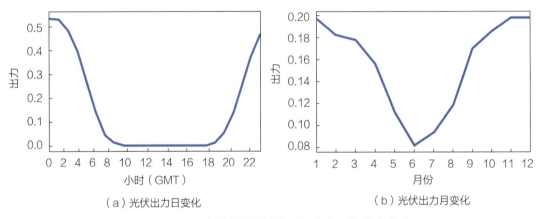

（a）光伏出力日变化　　　　　　（b）光伏出力月变化

图 3-23　西澳州光伏基地典型日出力和年出力曲线

3. 工程设想与经济性分析

西澳州光伏基地装机容量 6.0GW，基地暂按 310Wp 高效单晶组件，采用固定式支架，竖向 2×22（横向 22 排，竖向 2 列）开展光伏阵列布置研究。综合考虑当地太阳能资源和地形等条件，并基于中国大型光伏电站设计经验及相关光伏板布置原则，采用光伏基地宏观选址规划数字化方法，开展光伏阵列自动排布。当地组件最佳倾角为 27°，基于最佳倾角下的倾斜面辐射量，预留对应前后排间距 6.5m，考虑检修空间和通行道路，组串东西向间距为 0.5m。基地规划布置如图 3-24 所示。

图 3-24   西澳州光伏基地组件排布示意图

　　按照对光伏发电工程 2035 年经济性水平预测，综合考虑交通和电网基础设施条件，西澳州光伏基地总投资 27.91 亿美元，其中并网及交通成本 1.14 亿美元。光伏基地的投资匡算见表 3-9。按此测算，基地开发后平均度电成本 1.92 美分 / kWh。基于 8% 内部收益率测算的上网电价 2.93 美分 /kWh。

表 3-9　西澳州光伏基地投资匡算

编号	项目内容	西澳州基地
1	设备成本（亿美元）	25.84
2	建设成本（亿美元）	0.42
3	其他成本（亿美元）	0.78
4	场外交通及并网成本（亿美元）	1.14
5	单位千瓦投资（美元）	465

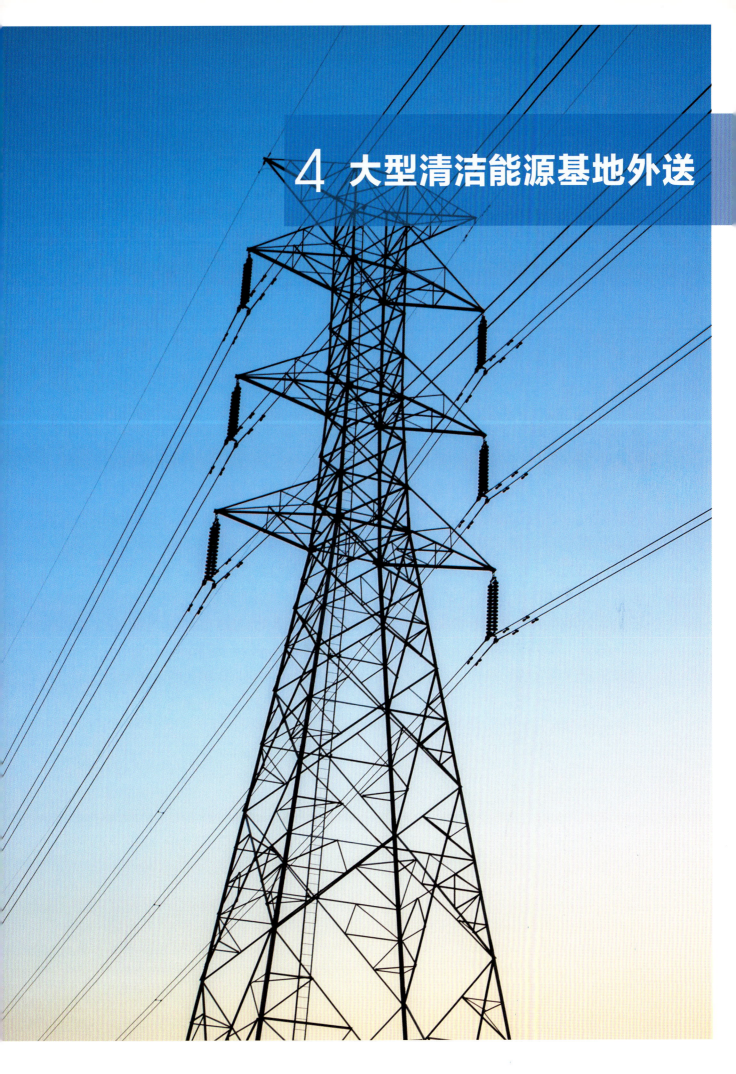

4 大型清洁能源基地外送

基于大洋洲能源电力供需发展趋势，结合清洁能源、矿产资源分布与开发格局，以及产业发展趋势，统筹区域内、跨区及跨洲电力消纳市场，充分考虑电力外送容量、距离及电网结构发展等因素，研究提出了大洋洲主要大型清洁能源基地的送电方向和输电方式。研究成果对推动清洁能源基地开发，加快国内电网建设、跨国电网互联发展，实现大洋洲清洁能源资源大范围优化配置和高效利用具有重要和积极意义。

4.1 电力需求预测

大洋洲总人口 4015 万，仅占世界人口 0.5%，澳大利亚、巴布亚新几内亚和新西兰 3 国占人口总量 94%，根据联合国预测，未来大洋洲人口将平稳增长，2035、2050 年分别达到 4946 万、5638 万。大洋洲 GDP 总量 1.63 万亿美元，约占全球 2%，澳大利亚和新西兰占 GDP 总量 98%。2017 年，大洋洲全社会用电量约 279TWh，占全球 1.2%，澳大利亚和新西兰占全洲用电总量 98%；最大负荷 44.95GW，澳大利亚和新西兰占 97%；电源装机以煤电为主，总装机规模 76.97GW，澳大利亚和新西兰占总装机容量的 97%；人均用电量 6940kWh/a，人均装机容量 1.9kW，约为世界平均水平的 2.3 倍。澳大利亚、新西兰、斐济等国电力普及率已达到 100%，巴布亚新几内亚、瓦努阿图等国电力普及率较低，约 30%。预计 2035 年，大洋洲用电总量达到 379.3TWh，最大负荷达到 62.55GW；2050 年，用电总量达到 474.4TWh，最大负荷达到 79.95GW。澳大利亚、新西兰仍是用电需求中心。大洋洲电力需求变化趋势如图 4-1 所示。

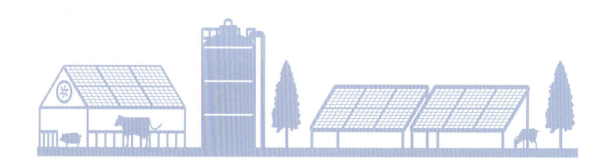

图 4-1　大洋洲电力需求变化趋势

澳大利亚总人口 2459 万，占大洋洲总人口的 61%，是世界上人口密度最低的国家之一；GDP 约为 1.39 万亿美元，占大洋洲总量的 86%。2017 年，澳大利亚用电总量 233.8TWh，最大负荷 37.5GW，东部沿海大城市群是主要的负荷中心；电源装机容量 65.73GW，以煤电为主，占比 46%；人均用电量 9506kWh/a，人均装机容量 2.67kW，远高于大洋洲平均水平和全球平均水平。预计 2035 年，澳大利亚用电总量将达到 322.2TWh，最大负荷 52.8GW；2050 年，用电总量达到 402.8TWh，最大负荷 67.14GW。澳大利亚电力需求变化趋势如图 4-2 所示。

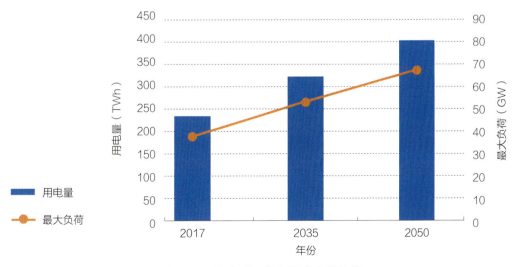

图 4-2　澳大利亚电力需求变化趋势

新西兰总人口 470 万, 占大洋洲总人口的 12%; GDP 约为 2008 亿美元, 占大洋洲总量的 12%。2017 年, 新西兰用电总量 39TWh, 最大负荷 6.1GW, 北岛是主要的负荷中心; 电源装机容量 9.34GW, 以水电为主, 占比 60%; 人均用电量 8250kWh/a, 人均装机容量 1.99kW, 远高于大洋洲和全球平均水平。预计 2035 年, 新西兰用电总量将达到 45.6TWh, 最大负荷 7.6GW; 2050 年, 用电总量达到 48.4TWh, 最大负荷 8.35GW。新西兰电力需求变化趋势如图 4-3 所示。

图 4-3　新西兰电力需求变化趋势

巴布亚新几内亚总人口 844 万, 占大洋洲总人口的 21%; GDP 约为 218 亿美元, 占大洋洲总量的 1.3%。2017 年, 巴布亚新几内亚用电总量 3.3TWh, 最大负荷 0.55GW, 莫尔兹比港、莱城是主要的负荷中心; 电源装机容量 1.02GW, 以火电为主, 占比 67%; 人均用电量 384kWh/a, 人均装机容量 0.12kW, 远低于大洋洲平均水平和全球平均水平。预计 2035 年, 巴布亚新几内亚用电总量将达到 7.2TWh, 最大负荷 1.17GW; 2050 年, 用电总量达到 16TWh, 最大负荷 2.66GW。巴布亚新几内亚电力需求变化趋势如图 4-4 所示。

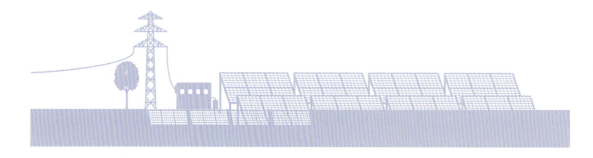

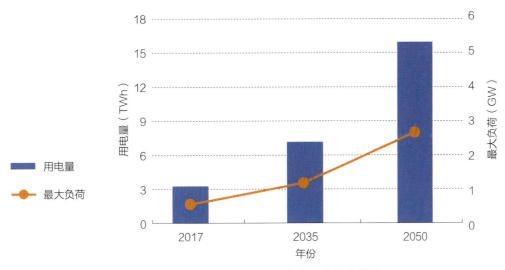

图 4-4　巴布亚新几内亚电力需求变化趋势

斐济、所罗门群岛等太平洋岛国总人口 242 万，占大洋洲总人口的 6%，GDP 总量 970 万美元，占大洋洲总量的 0.7%。2017 年，斐济、所罗门群岛等太平洋岛国用电量 2.8TWh，最大负荷 0.8GW，电源装机容量约 1GW，以油电为主。除斐济、瑙鲁外，整体电力发展水平较低，人均用电量 1139kWh/a，约为大洋洲平均水平 1/6 和全球平均水平 1/3。预计 2035 年，斐济、所罗门群岛等太平洋岛国总用电量将达到 4.3TWh，最大负荷 0.96GW；2050 年，总用电量达到 7.2TWh，最大负荷 1.8GW。斐济、所罗门群岛等太平洋岛国电力需求变化趋势如图 4-5 所示。

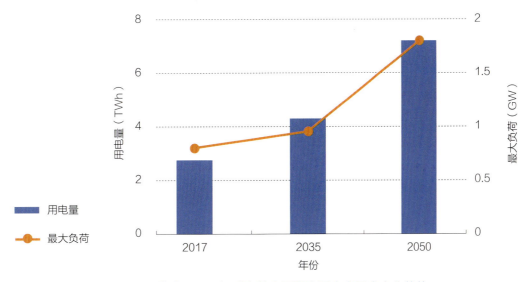

图 4-5　斐济、所罗门群岛等太平洋岛国电力需求变化趋势

4.2 深度电能替代

4.2.1 清洁电力制氢与氢能利用

1. 电制氢与消纳清洁电力

氢能具有来源广泛、能量密度大、清洁高效等诸多优点。2018年，全球氢产量约1.2亿t，其中95%来源于传统化石资源的热化学重整[1]。虽然化石资源制氢工艺成熟，成本相对低廉，但会排放大量的温室气体，对环境造成污染，未来，随着能源清洁转型的不断深入，清洁、绿色的电解水技术将成为主流的制氢方式。

通过采用电制氢技术，一方面可以在难以实施电能替代进行脱碳的领域使用清洁氢，如冶金、化工、货运、航运、工业制热等行业，电制氢技术将成为连接清洁电力与部分终端能源消费领域的"纽带环节"。另一方面，电制氢设备具有较快的启停速度和全功率调节范围，可以成为电网中宝贵的灵活性调节资源。未来，电制氢不仅是一种新的电力负荷，同时也为清洁电力消纳提供了一条新思路。

澳大利亚北领地地区太阳能资源丰富但本地消纳能力不足，通过规模化发展电制氢产业，能够有效增加当地用电需求，平抑光伏发电的日内波动。制成的氢既可以供当地使用，也可以出口日本、韩国等，满足东北亚负荷中心的用能需求。

新西兰、巴布亚新几内亚水能资源富集，电制氢可以与水电消纳进一步结合，充分发挥氢能跨季节存储的优势，水电出力在长时间尺度上的稳定和可靠，其他富余氢能可供当地或邻近区域的矿产开发冶炼产业利用。

专栏 4-1 ｜ **电制氢与消纳清洁电力**

电解水制氢指在直流电的作用下，通过电化学过程将水分子分解为氢分子与氧分子，并分别在阴、阳两极析出。电解水制氢技术主要包括以下三种。一是碱性电解槽技术，通常采用氢氧化钠溶液或氢氧化钾溶

---

[1] 资料来源：IRENA《Hydrogen–A Renewable Energy Perspective》

液等碱性电解液，由石棉隔膜隔开正负极区域，选用镍、铁等作为电极材料进行电解。碱性电解槽技术成熟、设备结构简单，具有较快的启停速度（分钟级）和部分功率调节能力，是当前主流的电解水制氢方法，缺点是效率较低（60%~70%）。二是质子交换膜技术，其特点是使用仅质子可以透过的有机物薄膜代替传统碱性电解槽中的隔膜和液态电解质，并将具有较高活性的贵金属催化剂压在质子交换膜两侧，从而有效减小电解槽的体积和电阻，使电解效率提高到80%左右，功率调节也更加灵活，但设备成本相对昂贵。三是高温固体氧化物电解槽技术（SOEC），其特点是在较高温度（600~1000℃）环境下，电解反应的热力学和动力学特性都有所改善，可以将电解效率提高到90%左右。高温固体氧化物电解槽还可以作为燃料电池使用，实现电解和发电的可逆运行，该技术目前还处于商业示范阶段。

电制氢设备具有较快的启停速度和全功率调节范围，主流的碱性电解槽启停速度为15~30min，新型的质子交换膜电解槽，启停速度可达秒级，功率调节范围可达额定功率的1.5倍左右。根据新能源发电出力和用电负荷的变化灵活调整电制氢设备的功率，使其成为系统中的可控负荷，可以有效消纳电网负荷低谷期的富余电力，平抑新能源发电的波动性。在未来以清洁能源作为主要电源的情况下，电制氢将成为电网中宝贵的灵活性调节资源。

风光发电具有波动性大、利用小时数低等特点，利用电制氢消纳新能源发电，制氢设备利用率不高。以风光互补新能源发电基地为例，按照风电光伏装机1:1进行测算，电制氢设备利用率为35%~45%（3000~4000h），如专栏4-1图1所示。

专栏4-1图1　电制氢与新能源发电匹配示意图

4.2　深度电能替代

电制氢参与电力市场交易，在电网负荷低谷时段利用大电网的富余电力制氢，一方面可以进一步提高设备利用率，另一方面电力富余时段的电价更低。综合测算表明，考虑电制氢技术设备水平和成本，制氢的利用率在 40% 左右（年利用小时数 3500），可以基本兼顾制氢成本与新能源电力消纳的矛盾，制备的"绿氢"具备参与能源市场竞争的能力。

2. 氢能利用

目前，氢能主要作为化工原料，并部分应用于能源领域。未来，随着能源清洁转型不断深入，对于氢的需求将主要体现在能源用途，特别是在电能难以替代的部分终端能源消费领域，氢能将发挥重要作用，如工业、交通运输、建筑用能等方面，成为深入推进能源消费侧电能替代的又一个重要途径。

专栏 4-2　　　氢能利用的主要方式

目前，全球氢消费量 5600 万 t，其中 95% 作为化工原料使用，包括石油制品精炼、制氨、制甲醇、冶金、食品加工等；其余部分作为能源使用，包括航天、高端制热、氢燃料电池等。

未来，随着能源清洁转型不断深入，对于氢的需求将主要体现在能源用途，特别是在电能难以替代的部分终端能源消费领域，氢能将发挥重要作用，工业用氢方面，作为化工原料及高端制热能源，需求量对氢价非常敏感，且与减排要求相关，预计未来小幅增长。交通运输领域是未来氢能需求的主要增长点，目前氢燃料电池的发电效率为 40%~60%，随着技术进步，氢能有望在长途客车、货运、航运等长距离运输领域占有一席之地，但替代量与计及输配环节后的氢价密切相关。建筑用能方面，使用可再生电力生产的氢可以通过天然气管网供给家庭和商业建筑，用氢替代部分化石燃料。预计到 2050 年，全球氢需求将达到约 3 亿 t，将增加全球电能消费约 8.6 万亿 kWh。

预计到 2050 年，大洋洲氢需求量将达到 350 万 t/a，80% 来源于电制氢，年消纳电量 980 亿 kWh。澳大利亚北领地地区区位优势明显，制氢除满足澳大利亚本国使用外，大部分外送至日本、韩国；巴布亚新几内亚充分发挥资源优势和人口红利，实现"电—矿—冶—工—贸"联动发展，冶金及加工行业对氢能的需求将快速增长；新西兰产业和经济基础较好，氢能主要用于为制造业提供高端热及园区供热等，建筑用能领域对氢有一定需求。

4.2.2　海水淡化与生态修复

在风光资源丰富、沿海缺水区域推动以清洁能源发电为供能方式的海水淡化工程，利用清洁电力淡化海水，可以显著改善地区水环境，提升地区支撑生产、生活的水资源能力，增加生物质和植树造林发展所需的淡水资源，增加森林碳汇，促进生态修复和环境治理。

大洋洲全洲年平均降水量仅为 470mm，在各大洲中最低。澳大利亚内陆地区夏季高温炎热，降水量不足 250mm，极易发生火灾，水资源的匮乏在一定程度限制了当地的发展。未来充分利用当地丰富的太阳能资源，在沿海地区开展大规模海水淡化，一方面有利于改善环境，提高土地利用价值，另一方面也为充分利用清洁能源拓展渠道。预计到 2050 年，大洋洲海水淡化需求将达到 30 亿 t/a，消耗电量 75 亿 kWh。

专栏 4-3　　　　　　　　　　**海水淡化技术**

海水淡化是可持续提供淡水资源的有效方式。将海水里的溶解矿物质盐分、有机物、细菌和病毒以固体形式分离出来从而获得淡水。截至 2017 年年底，全球已有 160 多个国家和地区在利用海水淡化技术，已建成和在建的海水淡化工厂接近 2 万个，合计产能约 1.04 亿 t/ 日。

目前已实现规模应用的主流技术有反渗透法和蒸馏法。反渗透法通常又称超过滤法，是利用半透膜将海水与淡水分隔开，在海水侧施加大于海水渗透压的外压，将海水中的纯水反向渗透至淡水侧，如专栏 4-3

图1所示。该技术要求海水浓度在一定范围，对结垢、污染、氧化剂等控制要求严格。蒸馏法又包括多级闪蒸法和低温多效蒸馏法等，其中多级闪蒸应用较为广泛。闪蒸是指一定温度的海水在压力突然降低条件下，部分海水急骤蒸发的现象，多级闪蒸是指将加热的海水，依次通过多个温度、压力逐级降低的闪蒸室，进行蒸发冷凝的蒸馏淡化方法。

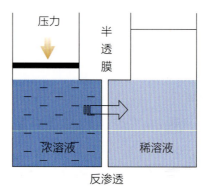

在浓溶液一侧施加超过渗透压的压力
使得溶剂分子向稀溶液一侧流动

专栏 4-3 图 1　反渗透法海水淡化技术示意图

反渗透法是全球应用最广泛的海水淡化技术，产量占比达到 67%，是沿海干旱地区供水的主要方案。随着反渗透膜性能、能源效率、运转技术的改进，能源消耗量大幅降低到目前的 2.5~4kWh/t。多级闪蒸技术海水淡化产能约占全球的 21%，技术成熟、运行可靠，但能耗较为 3.5~5kWh/t，项目初始投资大，适合于大型和超大型海水淡化项目，可与火电站联合建设以降低公共设施、电力、蒸汽等资源成本。低温多效蒸馏技术产能较小，但能耗仅为 0.9~1.2kWh/t。

技术发展前景方面，传统海水淡化采用常规能源，能耗高，二氧化碳排放量大。随着全球能源转型和低碳发展的深入，海水淡化技术与风、光等清洁能源发电的结合将是重要的发展趋势。

4.3　澳大利亚清洁能源基地外送

4.3.1　送电方向

澳大利亚作为高度发达的资本主义国家，是南半球经济最发达国家也是全球第 12 大经济体，同时也是多种矿产出口量全球第一的国家。澳大利亚不仅矿产资源丰富，太阳能、风能等清洁能源资源充足且优质，具备大型清洁能源基地开发外送的潜力。未来，澳大利亚将重点开发大型太阳能和风电基地，加强国内、跨国和跨洲电网互联互通，带动电制氢、高端装备制造等相关产业发展，与巴布亚新几内亚电力互济，并跨洲送电印度尼西亚等东南亚负荷中心。

东部是澳大利亚政治经济中心，也是用电需求中心，包括新南威尔士州、维多利亚州、首都领地、昆士兰州、南澳大利亚州和塔斯马尼亚州等区域。其中，昆士兰州、南澳州太阳能资源最为丰富，适宜建设大型太阳能基地，能够为东部沿海大城市群供电，并与北跨海与巴布亚新几内亚水电互济；新南威尔士州西部、塔斯马尼亚岛西部沿海地区地广人稀且风速大，适宜建设大型风电基地，与本地水电联合调节后，为新南威尔士州、维多利亚州负荷中心供电。**西部**是澳大利亚矿业中心之一，负荷主要聚集在西澳州西南部沿海地区，气候干燥，太阳能、风能资源丰富，适合建设大型太阳能、风电基地，为矿区和主要城市供电。**北部**北领地地区地广人稀，气候高温干燥，太阳能资源十分丰富，适宜建设大型太阳能基地，带动电制氢产业发展并跨洲向西北送至东南亚印度尼西亚负荷中心。澳大利亚清洁能源基地送电方向见表 4-1。

表 4-1　澳大利亚清洁能源基地送电方向

基地	州	主要送电方向
风电基地	西澳州　　　　西澳州	西澳州矿区及南部沿海负荷中心
	新南威尔士　　新南威尔士	新州本地负荷中心
	塔斯马尼亚　　塔斯马尼亚	跨海送至维多利亚州负荷中心
太阳能基地	北领地　　　　北领地	跨洲送电印度尼西亚负荷中心
	昆士兰北　　　昆士兰	凯恩斯及周边，跨国与巴布亚新几内亚水电互济
	昆士兰南　　　昆士兰	布里斯班及周边负荷中心
	南澳州　　　　南澳州	新南威尔士州、维多利亚州负荷中心
	西澳州　　　　西澳州	西澳州矿区及南部沿海负荷中心

4.3.2　输电方式

西澳州风电、太阳能基地，近中期接入本地 330kV 主干电网，远期宜接入本地 500kV 主网架，与本地火电互补互济，为中西部矿区，南部珀斯、奥尔巴尼港等负荷中心供电。

南澳洲风电、太阳能基地，近期接入本地 220kV 主干电网，中远期接入本地 500kV 主网架，与本地火电互补互济，利用南澳州与新南威尔士州、维多利亚州 500kV 输电走廊为新南威尔士州和维多利亚州供电。

塔斯马尼亚风电基地，利用塔斯马尼亚岛丰富的水电和抽水蓄能资源进行调节，近期依托已建成的塔斯马尼亚岛—维多利亚州跨海直流输电通道为维多利亚州供电。中远期在现有通道基础上新建一回跨海特高压直流输电通道，将更多清洁电力送入维多利亚州墨尔本及周边负荷中心。

北领地太阳能基地，除满足本地电制氢等产业发展需求外，中远期利用特高压跨海直流输电通道将太阳能电力送至东南亚印度尼西亚负荷中心。

昆士兰太阳能基地，包括北部、南部两大太阳能基地，北部太阳能基地近期接入本地 220kV 电网，与本地火电互补互济，为凯恩斯及周边负荷中心供电，中远期通过跨海 400kV 直流通道与巴布亚新几内亚水电互济，在枯期为巴布亚新几内亚送电。南部太阳能基地近期接入本地 220kV 电网，与本地火电互补互济，为布里斯班及周边负荷中心供电，中远期接入本地 400kV 电网，利用昆士兰州—新南威尔士州交流输电通道，将富裕电力送入新州负荷中心。

澳大利亚清洁能源基地远期输电方案如图 4-6 所示。

图 4-6　澳大利亚清洁能源基地远期输电方案示意图

4.4　新西兰清洁能源基地外送

4.4.1　送电方向

　　新西兰是高度发达的资本主义国家，也是南半球第 2 大经济体，同时还被世界银行评为最方便营商的国家之一。新西兰清洁能源资源十分丰富，尤其是水能和风能，由于地理位置远离其他国家，清洁能源开发主要由本国消纳。未来，新西兰将继续以清洁能源开发为主导，进一步扩大水电和风电开发规模，加强南北岛和各大区之间电网互联互通，实现清洁能源更大范围优化配置，带动电制氢、高端装备制造等相关产业发展。

　　北岛是新西兰主要的政治、经济和文化中心，用电量占新西兰 70% 以上，惠灵顿区、奥克兰区、怀卡托区等人口密度相对较大、产业聚集的大区均位于北岛。北岛东南沿海地区风速较高、人口密度较小、距离地震带相对较远，适宜建设大型风电基地，与本地水电互济，满足北岛负荷用电需求。**南岛**受地理位置和地形条件影响，人口密度低，除坎特伯雷和奥塔戈地区，人烟稀少，水电和风能资源十分丰富，克鲁萨河、怀塔基河和马陶拉河均位于南岛，适宜开发大型水电基地。南岛风电、水电通过高压直流通道向北送入北岛惠灵顿区及周边负荷中心。新西兰大型清洁能源基地送电方向见表 4-2。

表 4-2　新西兰大型清洁能源基地送电方向

基地		区域	主要送电方向
水电基地	克鲁萨河	南岛	南岛坎特伯雷及周边负荷中心，和北岛惠灵顿及周边负荷中心
风电基地	惠灵顿	北岛	惠灵顿、怀卡托、奥克兰及周边负荷中心
	奥塔戈	南岛	南岛坎特伯雷、奥塔戈，和北岛惠灵顿

4.4.2　输电方式

　　克鲁萨河水电基地，宜接入南岛本地 220kV 电网，满足坎特伯雷地区用电需求，同时利用 350kV 高压直流送电通道，与南岛风电基地电力联合送至北岛惠灵顿及周边负荷中心。

奥塔戈风电基地，宜接入南岛本地 220kV 电网，满足坎特伯雷、奥塔戈等地区用电需求，同时利用 350kV 高压直流送电通道，与南岛水电基地电力联合送至北岛惠灵顿及周边负荷中心。

惠灵顿风电基地，近期宜接入北岛本地 220kV 电网，满足惠灵顿地区负荷需求，中远期接入 400kV 主干电网，与本地水电互济，为惠灵顿、怀卡托、奥克兰等负荷中心供电。

新西兰清洁能源基地远期输电方案如图 4-7 所示。

图 4-7　新西兰清洁能源基地远期输电方案示意图

4.5　巴布亚新几内亚清洁能源基地外送

4.5.1　送电方向

巴布亚新几内亚是南太平洋西部一个岛国，也是大洋洲面积第二大、人口第二多的国家，仅次于澳大利亚。巴布亚新几内亚西部与印度尼西亚伊里安查亚省接壤，南隔托雷斯海峡与澳大利亚相望。巴布亚新几内亚是世界上较不发达国家之一，经济主要依赖农产品和原矿出口。巴布亚新几内亚基础设施较为落后，输电网方面，尚未形成全国统一输电网络，最高电压等级为 132kV，电力普及率仅 30% 左右。未来巴布亚新几内亚发展重点是加强电力基础设施建设，依托大型水电基地开发外送，建成覆盖全国的高压输电网，推动"电—矿—冶—工—贸"联动发展。

东部是主要的负荷中心，矿产资源丰富，首都莫尔兹比港，工业中心莱城等均位于东部，未来通过构建东西互联输电通道，将西部水电送至东部负荷中心，满足东部产业发展所需电力。**西部**水能资源丰富，普拉里河、塞皮克河及弗莱河大部分流域均位于西部，具备大型水电基地开发条件。未来通过全国统一输电网络，向中东部负荷中心供电，满足矿业发展所需电力，同时向南通过跨海高压直流通道送至澳大利亚昆士兰北部，与昆士兰太阳能基地电力互补互济。巴布亚新几内亚大型清洁能源基地送电方向见表 4-3。

表 4-3　巴布亚新几内亚大型清洁能源基地送电方向

基地		区域	主要送电方向
水电基地	普拉里河	中部	东部莱城、莫尔兹比港等负荷中心
	斯特里克兰河基地	西部	满足达鲁港及周边用电需求后，向南跨海送至澳大利亚北部昆士兰州

4.5.2　输电方式

普拉里河水电基地，近中期接入本地 132kV 主网架，为莱城、莫尔兹比港等负荷中心供电。远期接入 400kV 交流主网架，满足莱城、莫尔兹比港及周边负荷中心用电需求。

斯特里克兰河水电基地，近期依托本地 132kV 主网架为达鲁港及周边负荷中心供电，中远期通过 400kV 高压直流输电通道，向南送入澳大利亚昆士兰北部，与昆士兰太阳能基地电力互补互济。

巴布亚新几内亚水电基地远期输电方案如图 4-8 所示。

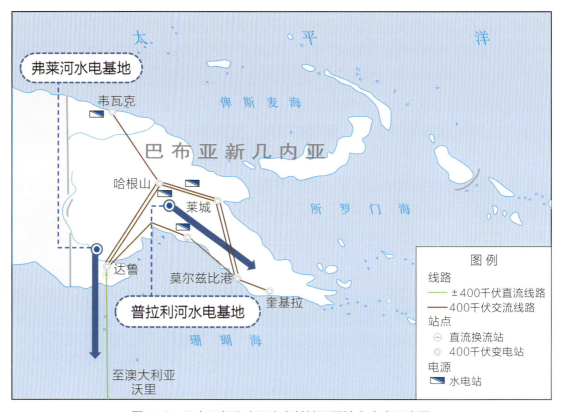

图 4-8　巴布亚新几内亚水电基地远期输电方案示意图

5 政策环境和投融资建议

基于大洋洲清洁能源资源禀赋和区域经济发展特点，综合分析大洋洲地区清洁能源投融资政策环境，对重点国家从营商环境、清洁能源开发政策、电力行业体制和市场、能源电力投资政策、支持性财政政策及土地、劳工、环保政策六个维度进行系统分析并进行量化评估。报告提出设立区域清洁能源发展基金、加强能源基础设施投资等投融资建议，以加快可再生能源项目实施落地，提高大洋洲气候变化适应能力，实现大洋洲可持续发展目标。

5.1　大洋洲国家投融资政策概况

大洋洲各国营商环境差异性显著。澳大利亚和新西兰的营商环境十分优越，2020 年世界银行全球营商环境报告显示，新西兰在全部 190 个国家和地区中排名第 1 位，澳大利亚排名第 14 位。而巴布亚新几内亚、斐济的营商环境有待改善，在全部 190 个国家和地区中分别位列第 120 名及第 102 名。

大洋洲各国制定明确的中长期清洁发展目标。澳大利亚和新西兰均制定了明确的可再生能源发展目标。巴布亚新几内亚确立了明确的水电项目发展目标，将可再生能源列入重点投资领域，但尚未针对各类可再生能源制定清晰的中长期发展规划。

大洋洲各国电力市场化程度差异较大，部分国家市场多元化竞争激烈，部分国家具有较大改善空间。澳大利亚和新西兰均较早完成电力市场化改革，拥有成熟完备的电力市场。澳大利亚拥有世界上最成熟的现货电力市场。巴布亚新几内亚的电力行业发展水平落后，无电人口问题突出，在发电侧引入独立发电商，采用单一买方的市场结构。

大洋洲国家外资准入条件较为宽松。澳大利亚、新西兰和巴布亚新几内亚均允许外国投资准入，对外国投资的形式、出资份额等没有特殊限制。澳大利亚为重大项目提供便利服务；新西兰政府实行自由和开放经济政策，外资与新西兰本地商业机构适用同样的投资法律；巴布亚新几内亚制定了一系列鼓励投资政策以吸引外国投资。三个国家政府均推广基础设施领域的 PPP 模式，但当前尚未开展大规模 PPP 项目。

大洋洲部分国家对可再生能源项目设立税收优惠。澳大利亚政府为可再生能源项目提供税收减免政策，而新西兰政府不针对特定行业和地区的投资提供激励措施，巴布亚新几内亚尚未针对可再生能源项目设立支持性财政政策，但适用通用鼓励外资投资政策。

部分大洋洲国家对外资用地管理严格，对外籍劳工限制严格，并实行严格的环评制度。外资企业可在澳大利亚和新西兰购置或者租赁土地，无其他特殊限制，而在巴布亚新几内亚获得土地难度较大，仅极少量土地可供出租。澳大利亚根据技术人员短缺预测报告等确定引进外籍劳务计划，新西兰优先保障本国居民就业，巴布亚新几内亚外籍劳务市场规模很小，且对外籍劳工准入限制严格。三个国家的能源投资项目均需事先接受环评审查。

5.2 大洋洲主要国家政策环境

5.2.1 澳大利亚

澳大利亚总体营商环境优越，根据世界银行《2020 年营商环境报告》，澳大利亚在全部 190 个国家和地区中排名第 14 位，比 2019 年排名提升了 4 位，在大洋洲国家和地区中排名第 2 位。政府为可再生能源发展规划了较明确的目标；电力市场化改革实现了该国在发、输、配、售电侧私有化且高度竞争的经营模式；澳大利亚投资准入门槛较低，不设立特别的法律规定限制外资进入；政府对外资购买土地无特殊限制；根据全国和各州技术人员短缺预测报告等确定引进外籍劳务计划；环保政策标准较高、审查严格。澳大利亚政策概况如图 5-1 所示。

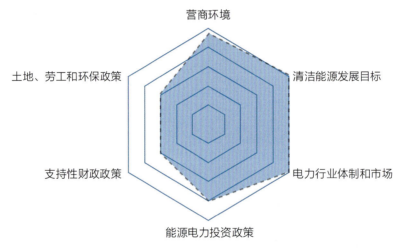

图 5-1 澳大利亚政策概况

清洁能源发展目标方面，2015 年 7 月，澳大利亚联邦政府通过了可再生能源目标（RET）法案，鼓励企业向太阳能和风能等可再生能源领域投资。2020 年 5 月，澳大利亚清洁能源委员会发布"清洁复苏"计划，大力增加可再生能源和储能领域的投资。根据该计划，澳大利亚已有数百个大型风电和太阳能发电项目获批并具备迅速推进的条件，项目总规模超过 3 万 MW。

电力行业体制和市场方面，澳大利亚电力市场包括东部和西部两个市场。东部是由新南威尔士州、维多利亚州、昆士兰州、南澳州、塔斯马尼亚和首都领地五个交易区域组成的国家电力市场（National Electricity Market），约占澳大利亚全国 85% 的用电量。西部是由北部领地和西澳组成的西澳电力市场

（Western Australia Electricity Market）。两个市场发展成熟，彼此独立，具备不同的监管体制。

澳大利亚国家电力市场从1998年开始全面运作，是世界上最成熟的现货电力市场之一。电力生产商和消费者之间进行现货交易，所有发电机组发电总量和需求量通过一个中央调配系统完成实时配送，根据用量收取费用。发电侧竞争激烈，超过300家注册发电厂向澳大利亚国家电力市场出售电能。其中在昆士兰州和塔斯马尼亚州，国有资本装机容量占较大比重，而维多利亚州、新南威尔士州和南澳州的私营企业装机容量占较大比重。国家电力市场引入分区定价机制，当电力市场内电网不同部分之间输电潮流出现阻塞时，根据阻塞线路将电网划分为区域，分别计算市场价格。

能源电力行业投资政策方面，澳大利亚是全球外商投资的主要目的地之一，允许外国投资者参与当地基础设施投资，主要依据《1975年外国收购和并购法》对外商投资予以管制。外商投资需符合"国家利益"原则，财政部每年更新的《政策和指南》对审查"国家利益"时应考虑的具体因素提供指导意见。无论投资额大小，所有外国政府及相关实体在澳大利亚直接投资前都必须知会澳大利亚政府并获得事先批准。澳大利亚联邦政府于2017年1月设立关键基础设施中心（CIC），对水、电、气、港口等敏感资产进行国家安全评估。当前澳大利亚基础设施建设多采用PPP模式。2000年，维多利亚州政府颁布了《维多利亚州合作政策》，提出PPP方式。澳大利亚政府于2008年颁布《国家公私合作制政策和指南》，在全国推广执行。

支持性财政政策方面，澳大利亚政府在2017年10月宣布，从2020年开始不再提供可再生能源补贴。澳大利亚对可再生能源项目实行税收优惠政策，对太阳能、风能、生物质能、地热、小型水电站等项目减免5年企业所得税；对使用绿色能源的用户多支付的电费通过退税的形式给予补贴；边远地区企业用可再生能源抽水、购置水能水泵或风能水泵的，政府以拨款形式退回一半费用，另外一半费用在计征所得税时加计扣除75%。

融资方面，截至2019年5月，澳大利亚储备银行仍维持2016年8月以来1.5%的基准利率，但外国企业在当地融资相对比较困难。为促进重大外国投资项目的引进，澳大利亚政府开设了为重大项目提供便利服务的项目，主要是提供相关资料、建议和支持、协助办理必要的政府审批手续等，以简化审批手续和节省审批时间。

　　土地、劳工和环保政策方面，外资在澳大利亚可以获得农用地所有权和承包经营权。农用地所有权和承包经营权在澳大利亚可以依法自由交易。澳大利亚熟练技术工人、体力劳动者短缺。澳大利亚政府根据全国和各州技术人员短缺的预测报告及职业榜，来确定引进外籍劳务计划，审核外籍劳工，并签发工作签证。环保政策标准较高、审查严格，个人、企业、政府机构等违反环保法律法规均将受到严厉惩罚：对法人可判处高达 100 万澳元罚金，对自然人可判处 25 万澳元罚金，对直接犯罪人可判处高达 7 年有期徒刑。澳大利亚具体的环境保护工作主要由各州负责，非政府环保组织和社会公众也在其中发挥重要作用。当地环保组织的反对是导致很多电力项目搁浅的重要原因。

5.2.2 新西兰

新西兰营商环境极佳，根据世界银行《2020 年营商环境报告》，新西兰在全部 190 个国家和地区中排名第 1 位，与 2019 年排名无变化。政府为可再生能源发展规划了宏伟的目标；电力市场化程度高，实现了发输配售各环节私有化且拆分的零售竞争模式；支持外资进入本国，政府不针对特定行业和地区的投资提供激励措施，也没有针对外国投资的差异化优惠政策；土地所有权可自由转让，但须经政府管理部门登记注册；优先保障本国居民就业，外籍劳工准入有一定限制；环保标准高，能源电力基础设施项目需经过评估和审核方可执行。新西兰政策概况如图 5-2 所示。

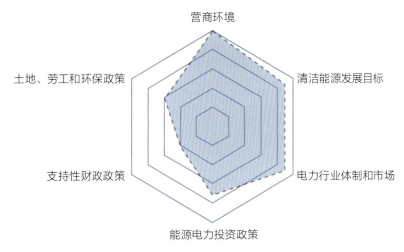

图 5-2 新西兰政策概况

清洁能源发展目标方面， 新西兰政府提出到 2025 年实现可再生能源发电比例达到 90%，2035 年新西兰电网将完全转向可再生能源。2017 年，新西兰全国可再生能源电力在发电总量中的占比已接近 90%。

电力行业体制和市场方面， 新西兰是实行电力市场改革较早的国家。1987年，新西兰开始进行电力市场改革，实行公司制改组，电力部改制为新西兰电力公司。1998 年，为建立完全竞争的电力市场，国会通过了《电力工业改革法》。该法令要求新西兰电力公司进一步分解为三家发电企业，实现发电侧的有效竞争；零售方面进一步重组为 6~8 个电力销售公司，零售侧放开用户选择权。在行业结构方面，电力法要求供电方面将配电业务与零售业务分开，供电公司不能同时经营配电和零售业务；对于具有天然垄断特性的输电和配电公司，政府仍然实行严格的管制。

新西兰电力市场由电力批发市场和配电竞争市场组成，实行一级现货交易和二级期货合约交易相结合的市场机制。目前，电力建设基本上是由私营企业投资和管理，5 大发电企业占据了新西兰全国发电量的 93% 以上。国家输电网长约 1.2 万 km。全国约 40 家配电公司提供配电服务和电力零售服务。全国主要有 7 家零售商对用户供电，基本由发电商兼营，形成输配独立、发售一体的电力市场结构。

能源电力行业投资政策方面，新西兰政府对外国投资的形式、出资份额、期限和国有企业背景等没有限制，没有关于针对海外直接投资进行安全审查的规定。在新西兰设立外资企业的程序和条件与本地企业相同，也没有企业经营范围或注册资本等限制。由于其基建技术标准要求高、人工成本昂贵，加上执业资格、务工许可、环境保护等因素制约，中资企业尚未大规模进入新西兰基础设施建设领域。2009 年，新西兰财政部成立 PPP 工作组，但目前外国企业参与 PPP 难度较大。

支持性财政政策方面，政府不针对特定行业和地区的投资提供激励措施，也没有针对外国投资的差异化优惠政策。在融资条件方面，外资企业与当地企业享受同等待遇。贷款的条件和金额由企业的经营能力、还款能力、项目的回报率、产品的市场情况来决定。

土地、劳工和环保政策方面，国家保护私人土地所有权。无论是私人土地还是公有土地，都列入国家土地使用长期计划。土地所有权可自由转让，但必须经政府管理部门登记注册。政府对劳动市场的基本政策是保护本国居民的就业，在此原则下开放本国劳务市场，对外积极引进紧缺人才。2002 年实施《熟练工行动计划》(Skills Action Plan)，在全球范围内吸引有技术、有才能的人到新西兰工作。其工作许可政策（Work Permit Policy）允许雇主在没有合适的新西兰居民可以雇用的情形下雇用海外人士，工作许可的时间按照雇用合同时间而定，最长不超过 3 年。环保标准高，绝大部分投资或工程需进行环境评估。

5.2.3 巴布亚新几内亚

巴布亚新几内亚营商环境一般，根据世界银行《2020 年营商环境报告》，巴布亚新几内亚在全部 190 个国家和地区中排名第 120 位，较 2019 年排名后退了 12 位。政府尚未制定明确具体的可再生能源中长期发展规划；电力行业发展落后，电网覆盖率低，采取单一买方市场结构；在能源电力投资领域，巴布亚新几内亚将利用可再生能源的相关行业领域列入优先投资领域，适用通用的加速折旧、税收优惠等鼓励政策；外资在巴布亚新几内亚获得土地难度较大，仅极少量土地可出租；外籍劳工准入限制严格且外籍劳务市场规模很小；能源投资项目需事先接受环评审查。巴布亚新几内亚政策概况如图 5-3 所示。

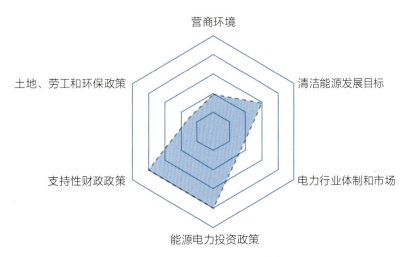

图 5-3　巴布亚新几内亚政策概况

清洁能源发展目标方面，巴布亚新几内亚政府大力开发大规模水电项目，包括钦布省 Karimui 总装机容量达到 1800MW 的水电站项目、装机容量 180MW 的拉姆二期水电站项目及中央省埃德伍装机容量 50MW 的水电站项目，分别由意大利及中资企业投资建设。预期到 2030 年，清洁能源发电量将达到总发电量的 32%。

电力行业体制和市场方面，巴布亚新几内亚的电力行业发展水平落后，全国发电能力不足 600MW，电网覆盖率仅 15%，广大农村地区及部分城市周边地区无电力供应。巴布亚新几内亚无国家电网系统，只有 19 个各自独立的电网。其中三大区域电网为首都电网、拉姆电网和盖泽丽电网。三大电网各自独立，互不连通。政府计划在 2030 年前将电网覆盖率提升到 70%。

巴布亚新几内亚在发电侧引入独立发电商，采取单一买方市场结构。根据巴布亚新几内亚电力公司提供的价格，巴布亚新几内亚工业用电根据预支付或使用后支付，电价水平分别为 1.05897 基纳 /kWh 及 1.08581 基纳 /kWh；居民个人用电每月前 30 kWh 电价水平为 0.54857 基纳 /kWh，超出部分电价水平为 0.93225 基纳 /kWh（使用后支付），若预支付则按照 0.76648 基纳 /kWh 收取。

能源电力行业投资政策方面，外资可以采取个人投资、公司投资、外国公司分支机构、信托公司、合资企业等形式投资。巴布亚新几内亚政府对本土企业存在一定的保护倾向，政府表示希望外国投资者能够投资于巴布亚新几内亚优先发展的投资领域，从而为巴布亚新几内亚本土企业留出发展空间。其中，利用可再生能源的相关行业领域被巴布亚新几内亚政府列入优先发展的投资领域。

2014 年 9 月，巴布亚新几内亚政府通过 PPP 法案。2018 年初，巴布亚新几内亚总督达达埃正式签署该法案，使之成为法律。目前尚无已开展的基础设施 PPP 模式项目，为减小政府预算，巴布亚新几内亚政府计划进一步推进 PPP 模式。巴布亚新几内亚融资条件有限，一般无法提供大额贷款，外国投资者设立新项目需要从国外自带资金。小额融资须有不动产作为抵押，根据不动产抵押金额申请融资金额。

支持性政策方面，巴布亚新几内亚政府为了吸引外国投资，制定了一系列鼓励投资政策，包括行业鼓励政策、特殊地区鼓励政策。包括首次在巴布亚新几内亚出现的新项目工厂设备享有 100% 加速折旧、节能厂房首年享有 20% 的折旧等加速折旧政策，对与其签订避免双重征税协定的国家居民投资的企业免除所得税的双重征税部分等税收政策，另设有自由贸易区，区内企业可以享受多重鼓励政策，例如进口产品免税、免除最初 5～10 年土地使用费等。巴布亚新几内亚虽尚未针对可再生能源行业单独设立支持性政策，但该领域投资可适用上述通用鼓励政策。

土地、劳工和环保政策方面，巴布亚新几内亚政府只拥有全国 3% 的土地，可出租给投资者，最长租期 99 年。其余 97% 的土地为传统集体共有，可以出售或出租，取决于双方谈判和协议，但难度很大。本土失业率高，外籍劳务市场规模很小。为解决本国公民就业，在就业岗位、数量及劳工签证方面巴布亚新几内亚政府对外籍劳务均有较严格限制。根据巴布亚新几内亚《环境法 2000》和《环境许可证法规 2002》规定，开展土木、建筑、碎石、承包工程、探矿、采矿、石油、液化天然气等项目，业主需要提交环境影响评估报告，并获得政府签发的环境许可证。

5.3 投融资建议

5.3.1 设立区域清洁能源发展基金，加快清洁能源开发

建立公共财政和私人资本合作的区域清洁能源发展基金，加快澳大利亚、新西兰与其他岛屿国家的清洁能源开发。通过政策和制度的调整，积极拓宽基金融资渠道，以财政投入启动资金，引入金融资本、养老金、民间资本、国际资本等投资区域清洁发展基金。在此基础上可进一步设立担保基金，涵盖绿色中小企业信用担保、绿色债券、绿色 PPP 项目担保等，推进区域清洁发展融资的风险管理与激励机制创新。

5.3.2 加强能源基础设施投资，提高气候变化适应能力

针对近年来气候变化导致极端天气的频率和趋势，对能源基础设施适应气候变化能力进行评估，针对性提高清洁能源电源、电网等设施的灵活性，完善能源基础设施适应气候变化的能力。针对气候变化的能源基础设施损失制定保险产品，完善清洁能源价格市场化形成机制，给予投资者合理回报，引导清洁能源项目合理投资，降低投资风险。

5.4 小结

　　大洋洲清洁能源资源丰富，各国营商环境差异较大，地区经济发展水平差异较大。近年来，大洋洲发达国家澳大利亚和新西兰积极制定经济计划，推进产业升级，其他国家加快基础设施建设，助力经济发展。改善大洋洲投资政策环境，创新投融资模式，推动清洁能源资源大规模开发利用，成为带动大洋洲经济和环境协调发展的重要手段及大洋洲各国的普遍共识。本章梳理大洋洲地区整体政策环境和主要国家相关政策，研究提出设立区域清洁能源发展基金、加强能源基础设施投资等投融资建议，以改善大洋洲投融资政策环境，加速可再生能源大规模开发利用，提高大洋洲气候变化适应能力，带动大洋洲各国经济高质量发展。

结　语

　　科学准确的资源量化评估和系统高效的基地宏观选址是清洁能源大规模开发利用的基础与前提，开展大型基地的电力外送研究和相关国家的政策环境及投融资研究是实现清洁能源大范围优化配置、推动项目实施落地的关键与保障。大洋洲清洁能源开发与投资研究是在全球能源互联网发展战略指导下，秉持绿色、低碳、可持续发展理念，对大洋洲水、风、光清洁能源资源条件和开发重点的一次科学、系统、全面的研究。报告系统地回答了大洋洲清洁能源"有多少""在哪里""怎么样"等一系列关键问题，提出了一批极具开发潜力的大型基地，不仅给出了基地开发的技术和经济性指标，而且包括清洁电力消纳、外送输电通道以及政策环境和投融资模式等内容，对推动大洋洲能源变革转型提供了强有力的数据支撑和行动指南。

　　加快开发大洋洲丰富的清洁能源资源，将有力保障大洋洲电力能源供应，有效应对气候变化和保护生态环境，打造大洋洲经济增长新引擎，推动大洋洲绿色、低碳、可持续发展。加快大洋洲清洁能源资源开发，是一项复杂的系统工程，涉及技术、经济和政治等多方面，需要各方以共商、共建、共享、共赢为原则，开展务实合作，形成强大合力。未来需要各方在以下几个方面共同努力。**一是扩大合作共识，**促进各国政府、能源企业、行业组织、社会团体形成广泛共识，建立清洁发展的合作框架、政策机制和投融资模式。**二是加强规划统筹，**发挥规划统领作用，强化顶层设计，把清洁能源资源开发纳入各国能源电力发展规划重点，加快形成上下游产业协同联动的有利局面。**三是注重创新驱动，**整合企业、科研机构的优势力量，推动技术和装备研发攻关，建立产学研深度融合发展新路径，紧紧抓住清洁能源发电技术快速发展历史机遇，用创新为绿色发展赋能。**四是推动项目突破，**加强政府、企业、金融行业等更广泛合作，结合各国国情和特点，用商业模式和投融资创新推动一批经济效益好、示范效果强的大基地、大项目早开发、早见效，早日惠及大洋洲经济社会发展。

　　大洋洲清洁能源开发符合大洋洲各国与国际投资者的共同利益，前景广阔、大有可为。衷心希望有关各方携手努力、密切协作，大力推动大洋洲清洁能源开发项目落地实施，促进大洋洲经济社会发展，共创更加美好的明天！

图书在版编目（CIP）数据

大洋洲清洁能源开发与投资研究 / 全球能源互联网发展合作组织著 .—北京：中国电力
出版社，2020.10
ISBN 978-7-5198-5087-6

Ⅰ . ①大…　Ⅱ . ①全…　Ⅲ . ①无污染能源—能源开发—研究—大洋洲
②无污染能源—投资—研究—大洋洲　Ⅳ . ① F460.62

中国版本图书馆 CIP 数据核字（2020）第 204183 号

审图号：GS（2020）5856 号

出版发行：中国电力出版社
地　　址：北京市东城区北京站西街 19 号（邮政编码 100005）
网　　址：http : //www.cepp.sgcc.com.cn
责任编辑：孙世通（010-63412326）　马　丹
责任校对：黄　蓓　朱丽芳
装帧设计：北京锋尚制版有限公司
责任印制：钱兴根

印　　刷：北京瑞禾彩色印刷有限公司
版　　次：2020 年 10 月第一版
印　　次：2020 年 10 月北京第一次印刷
开　　本：889 毫米 ×1194 毫米　16 开本
印　　张：11.5
字　　数：227 千字
定　　价：230.00 元
